구도자의 산책

시작비평선 0026 김재홍 평론집 **구도자의 산책**

1판 1쇄 펴낸날 2025년 8월 29일
지은이 김재홍
펴낸이 이재무
기획위원 김춘식, 유성호, 이형권, 임지연, 홍용희, 차성환
책임편집 이호석, 박현승
편집디자인 김지웅, 장수경
펴낸곳 (주)천년의시작
등록번호 제301-2012-033호
등록일자 2006년 1월 10일
주소 03132 서울시 종로구 삼일대로32길 36 운현신화타워 502호
전화 02-723-8668
팩스 02-723-8630
블로그 blog.naver.com/poemsijak
이메일 poemsijak@hanmail.net

ⓒ김재홍, 2025, printed in Seoul, Korea

ISBN 978-89-6021-820-8 04810
　　　978-89-6021-122-3 04810(세트)

값 24,000원

* 이 책 내용의 전부 또는 일부를 재사용하려면 반드시 저작권자와
　(주)천년의시작 양측의 동의를 받아야 합니다.
* 잘못된 책은 바꾸어 드립니다.
* 지은이와 협의에 의해 인지는 생략합니다.

구도자의 산책

가톨리시즘과 구상의 시 세계

김재홍

책머리에

구르몽과 화염병
- 할아버지와 손주의 일치와 불일치

할아버지, 저희들은 그때 늘 미소 짓던 일흔 살 교수님을 할아버지라 불렀습니다. 때때로 방자하고 오만하고 무례하고 과격했던 스무 살들에게는 날카로운 교수님보다 인자한 할아버지가 필요했는지 모르겠습니다.

실로 37년 만에 편지를 올립니다. 너무 죄송하고 부끄러워 궁리궁리 끝에 떠올린 방법이 닿을지 전해질 지 알 수 없는 이 누추한 글입니다. 너무 뒤늦은 인사라 죄송합니다. 너무나 무딘 감각이라 부끄럽습니다. 하느님 나라에서 평화와 안식을 누리고 계신 할아버지의 너그러운 용서를 청합니다.

할아버지, 저는 그때 강의실보다는 자주 거리에 있었습니다. 이리저리 뛰어다니며 쫓겨 다니며 돌을 던지거나 화염병을 던지거나 각목이나 쇠 파이프를 휘두르기도 했습니다. 평양에서 열릴 세계청년학생축전에 가야 한다며, 꼭 가겠다며 컴컴한 대운동장에 모여 '축전 왈츠'를 배운다거나 '민주광장' 집회에 참여한다거나 교문 앞에서 전투경찰과 대치하고는 했습니다.

열댓 명 앉으면 꽉 차는 비좁은 시 세미나실 칠판 앞에서 조용히 미소 지으며 때로는 허허 웃으며 들려주시는 시의 정수精髓를 저는 제대로 느낄 수 없었습니다. 민족이니 민중이니 거대한 개념과 민주니 자주니 추상적 관념이 저를 짓누르고 있었습니다. 시인을 선망하며 시인이 되고자 먼 지방에서 찾아온 학교였지만, 낮에는 거리에서 밤에는 술집에서 노래하며 외치며 울부짖고 성토했습니다.

> 시몬, 숲으로 가자. 나뭇잎은 지고
> 낙엽은 이끼와 돌과 오솔길을 덮고 있다.
>
> 시몬, 너는 좋으냐? 낙엽 밟는 소리가.
> ― 레미 드 구르몽(1858-1915), 「낙엽」 부분

구르몽의 이 예민한 시각과 청각과 "우리도 언젠가는 가엾은 낙엽이" 될 것을 예감하는 웅숭깊은 성찰을 저는 전혀 향수할 수 없었습니다. 어느 날 집회나 시위가 없어 수업을 듣는 때에도 머릿속에는 전날 학습 때 읽은 유물론 철학서의 한 구절이 떠돌았고, 뱃속에서는 학습 후 마신 술의 취기가 남아 들끓었습니다. 눈앞에 있는 시와 마음속의 울분이 저에게서는 그토록 불일치의 현장이었습니다.

그럼에도 할아버지의 백발과 다복한 수염과 밤색 카디건과 떨리는 손

을 기억하는 건 할아버지께서는 교수님이 아니라 정말 할아버지이셨기 때문입니다. 시를 통해 시를 가르치는 일보다 웃으며 지켜보며 응원하시는 일을 더 많이 해 주셨기 때문입니다. 그때는 전혀 몰랐습니다만 그리스도(Χριστος)를 뜻하는 가톨릭교회의 이니셜 '☧'가 새겨진 밤색 카디건을 입으신 할아버지의 중저음 목소리와 따뜻한 느낌을 잊을 수 없습니다. 할아버지께서는 바로 그 따뜻함으로 굶주린 저희에게 다가와 일치감을 주셨던 것입니다.

   세상의 바깥이 아니라 안쪽을 깊이 응시하시던 노시인과 오직 밖으로만 뛰쳐나가던 젊은 혈기는 확실히 불일치였습니다. 그러나 불일치를 알면서도 거기에서 또한 따뜻한 일치로 이끌어주신 할아버지의 넓디넓은 품은 저에게 크나큰 행운이었습니다. 나이 쉰 줄에 드는 동안 조금씩 신산辛酸을 겪고서야 알겠습니다. 일치와 불일치는 끝내 한 몸인 것을요.

      살아서는 너희가 나와
      미움으로 맺혔건만
      이제는 오히려 너희의
      풀지 못한 원한이 나의

> 바람 속에 깃들어 있도다.
> ―「초토焦土의 시 8 - 적군 묘지 앞에서」 부분

　할아버지, 할아버지와 함께 찍은 낡은 사진 한 장 남아 있지 않은 것이 한탄스럽습니다. 이 미욱한 제자의 뒤늦은 인사와 둔한 감각을 용서해 주십시오. 죄송하고 부끄럽습니다. 할아버지께서 계신 평화의 나라를 꿈꾸며 저에게 주어진 시간 동안 할아버지께서 전해 주신 시의 길을 천천히, 그러나 쉬지 않고 걸어가겠습니다.

2025년 여름
운정雲井에서
김재홍

차례

책머리에

제1부

'홀로서기'와 '서로 함께 있음(Miteinandersein)'　　　⋯ 014
- 「수의壽衣」에 대하여

하나와 여럿, 혹은 하나들과 여럿들　　　⋯ 019
- 「홀로와 더불어」에 대하여

"사물에 대한 자기 진실에의 욕구"　　　⋯ 024
- 「펜의 명銘」에 대하여

강렬한 휴머니티의 연소　　　⋯ 029
- 「나의 시詩」에 대하여

육화(Incarnation)와 죽음과 부활　　　⋯ 037
- 「나자렛 예수」에 대하여

제2부

대립을 넘은 대긍정의 장쾌함 ··· 048
- 연작시 「초토의 시」에 대하여

까마귀의 '경고'와 인간의 '무관심' ··· 055
- 연작시 「까마귀」에 대하여

하나의 '고원', 무한의 '지층' ··· 064
- 연작시 「그리스도 폴의 江」에 대하여

오직 보이지 않는 손이 이끌고 있음을 ··· 075
- 연작시 「모과 옹두리에도 사연이」에 대하여

'죽임'에 저항하는 절박한 기도 ··· 087
- 연작시 「밭 일기」에 대하여

"시 아닌 것이 정녕, 하나도 없다" ··· 099
- 연작 시화詩話 「유치찬란」에 대하여

제3부

'표현하기'와 '전달하기'의 긴장 ··· 110
- 구상의 시적 기법에 대하여

'생성'과 '긍정'의 비대립적 시 세계 ··· 128
- 시선집 『적군 묘지 앞에서』 발간에 부쳐

제4부 - 소논문

구상 시에 나타난 가톨리시즘적 일원론 ⋯ 146

구상의 연작시와 영원회귀 의식 ⋯ 184
- 연작시 「밭 일기」와 「모과 옹두리에도 사연이」를 중심으로

구상의 위기의식과 연속성의 시적 사유 ⋯ 214
- 연작시 「까마귀」, 「그리스도 폴의 江」, 「유치찬란」을 중심으로

참고문헌 ⋯ 244
찾아보기 ⋯ 246

제1부

'홀로서기'와 '서로 함께 있음(Miteinandersein)'
– 「수의壽衣」에 대하여

존재(être)와 존재자가 구별될 때 우리는 고독의 본질을 깨달을 수 있을지 모른다. '있음'과 '있는 자-것'를 분별하는 것, 무한한 양태로 존재할 수 있는 가능성으로서의 '있음'이 단 하나의 구체적인 개별자로 '있게 될' 때, 다多가 일—로 수렴될 때 우리는 고독해진다. '홀로서기(hypostase)'는 "존재자가 '존재함'을 자신의 것으로 떠맡는 사건"[1]이다.

데카르트가 마지막까지 소거할 수 없었던 코기토(cogito)는 고독하고, '없음은 없다'고 통각한 베르그송도 고독하다. 본질적으로 고독은 사회학적 관계론의 부정적 현상도 아니며, 경제학적 효용론도 아니며, 정신분석학적 욕망이론도 아니다. 고독은 존재자의 본질이라는 것이 하이데거나 레비나스의 주장이다.

시인 구상이 "모든 존재와 존재 사이에는 결코 일치할 수 없는 본질적인 거리가 있음을 인지해야 한다."[2]고 외칠 때, 우리는 그가 왜 결혼식 주례로서 느닷없이 '존재의 고절감孤絶感'을 운위했는지 느낀다. 그는 신랑 신부에게 '나'와 '너'의 구별을 넘어 저 근원으로 파고 들어가 존재와 존재자의 구별까지 주문하고 싶었을지 모른다.

---

1 엠마누엘 레비나스, 강영안 옮김, 『시간과 타자』, (주)문예출판사, 2018(제1판 19쇄), 36쪽.
2 구상, 「결혼생활의 비결」, 『시와 삶의 노트』(구상문학총서 제6권), 홍성사, 2007(초판1쇄), 65쪽.

그래야만 고독한 존재자들끼리는 왜 함께(mit) 살아야 하는지 진정 깨달을 수 있다고 믿었던 듯하다. 구상은 고독을 부부 사이의 양보와 희생이라는 관계론적 차원이 아니라 "인간에게는 결코 뛰어넘을 수 없는 '홀로서'의 또 하나의 측면"[3]으로 인식했다. 사랑은 무엇보다 둘 사이의 간격을 받아들이는 것이지만, 근원적으로는 고독을 인정하는 것이다.

> 아내의 시신屍身을 영안실에다 옮기고
> 나는 대합실 돗자리 한구석에
> 멍하니 앉아 있었다.
>
> 한참 뒤 사무실 직원이 오고
> 며느리가 딸애랑 저희 이모랑
> 수근대더니 나에게 다가와
>
> 수의壽衣가 한 벌에 50만원부터
> 최상품이 120만원인데
> 65만원짜리를 골랐으니
> "아버님 의견은 어떠시냐"란다.
>
> 평소 같으면 나는 으레
> "알아서들 하렴"이었겠지만
> 힐끗 영정影幀을 쳐다보니
> 한복도 양장도 아닌 진료의診療衣 차림이라
> '평생 옷 한 벌 해줘 본 적이 없구나'
> 하는 생각이 들어

---

3 구상, 앞의 책, 65쪽.

- 그거 120만원짜리,
120만원짜리로 해라!

마치 역정逆情난 사람처럼 내뱉고는
옆으로 돌아앉아 버린다.

그리고 다시금 곰곰 헤아리니
아내는 비록 저승에서일망정
이런 턱없는 호사를 탐탁해 않지 싶고

한편 나는 그녀가 다시 살아난다면
아마 홑 20만원짜리도 안 해주지 싶어
마음이 자못 개운치가 않았다.
―「수의壽衣」 전문(『한국대표시인 101인 선집 - 구상』)

  이 작품에서 시인은 자신보다 먼저 떠난 아내의 수의를 어느 가격대의 것으로 할지 고심한다. 그러면서 옷 한 벌 해줘 본 적이 없는 자신을 반성하고, 진료의를 입고 찍은 사진을 영정으로 쓰게 된 소탈했던 아내를 생각한다. '수의'와 '옷 한 벌'과 '진료의'는 모두 호사 취미를 갖지 않았던 부부의 일상을 환유하는 장치이자, 금전을 가까이 두려 하지 않았던 신념의 은유이다.
  아리스토텔레스와 달리 리처즈는 '내용(tenor)'과 '전달 수단(vehicle)' 사이의 상호 작용은 "함께 놓인 둘 사이의 거리가 멀어질수록"[4] 긴장은 더욱 커지며, 뛰어난 은유란 '건강부회적인 거리감이 미덕'이 되는 차원이라고 강

---

[4] I. A. 리처즈, 박우수 옮김, 『수사학의 철학』, 고려대학교 출판부, 2001(초판), 117쪽.

조했지만, 그 반례反例는 구상의 시에서 드물지 않게 나타난다. 요사이 젊은 시인들에게서 보이는 과격한 표현 욕망이 사라진 자리에도 세밀한 시적 경영이 이루어지고 있음을 우리는 이 작품을 통해 다시 확인할 수 있다.

미덕은 이런 표현론적 맥락에 그치지 않는다. 생과 사를 넘나드는 도저한 깊이와 사유가 스며들어 있다. 격렬한 슬픔의 폭발과 가파른 통곡 뒤에 찾아오는 허무가 아니라 담담하고 느린 진술조의 시행에서 오는 유장한 슬픔이 있다. 어쩌면 표현하지 않은 데 표현이 살아있는 비미학도 보인다. 구상 시의 요체를 기독교에서 찾는 주제론적 접근만큼 일상어의 과감한 전면화가 이룩한 미적 성과도 주목되어야 한다.

나아가 이 작품이 보여주는 현대적 사유의 날카로움을 이해할 필요가 있다. 그것은 전쟁과 학살의 원인을 악마성이 아니라 오히려 인간의 이성에서 찾는 반주체 철학의 흐름을 정확히 꿰뚫은 고독에의 천착이다. 존재자(있는 자-것)가 존재(있음)로 환원되는 것이 죽음이라면, 아내는 더 이상 고독하지 않다. 아내를 먼저 보낸 시적 화자 또한 고독할 것이 없다. 그것은 홀로서기가 아니라 차라리 '서로 함께 있음(Miteinandersein)'[5] 이다.

고독은 관계론을 벗어나 존재론으로 승화되면서 거부와 공격의 근거가 아니라 '긍정'과 '함께'의 원인이 된다. 현대적 주체는 더 이상 고독을 면하기 위해 싸울 필요도 없고 슬퍼할 이유도 없다. 오히려 고독에 도달하기 위해 지금-여기의 삶을 대긍정의 풍요로운 지평으로 이끌어야 할 윤리가 성립된다. 생각해보면 「수의壽衣」에 없는 것은 공허한 슬픔만이 아니다. 죽은 아내와 시적 화자의 물리적 거리가 '개운치 않은 마음'의 소통으로 인해 소멸된다. 생과 사의 대립이 제거된 대긍정의 시적 사유가 유장한 가락을 타고 흐른다.

"우리의 삶 자체가 언제나 한결같이 순탄과 행운 속에만 있을 수가 없고 또 어떤 고난이나 역경도 무한정일 수는 없는 것이어서 말하자면 그 명암

---

5   엠마누엘 레비나스, 앞의 책, 31쪽.

의 엇갈림 속에 살고 있으며 **바로 이것이 삶의 리듬**이기도 하다."⁶(강조 - 인용자) 구상 시인에게는 명明도 암暗도 모두 '삶의 리듬'이었다.

---

6 구상, 앞의 책, 67쪽.

하나와 여럿, 혹은 하나들과 여럿들
- 「홀로와 더불어」에 대하여

피보나치 수열은 0, 1, 1, 2, 3, 5, 8, 13, 21, 34, 55, 89, 144, 233, … (으)로 무한히 이어진다. 없음(0)과 있음들의 무한 연쇄 속에서 우리는 다음 수를 어렵지 않게 추론할 수 있다. 233 다음엔 144와 233의 합인 377이다. 어떤 숫자 다음에는 그 수와 앞엣것의 합이 놓인다. 수열은 숫자들의 연쇄이자 그것들의 규칙을 정의한다. 숫자들이 선행할 수도 있고, 규칙이 선행될 수도 있다. 불규칙해 보이는 몰가치한 숫자들 속에 맑고 선명한 규칙성이 드러날 때 우리는 환호한다.

그러나 베르그송의 외침[1]과 달리 처음엔 없음無이다. 따라서 절대적 없음에서 비롯되는 피보나치 수열은 존재론이 아니라 일종의 수비학數祕學(numerology)에 가까워진다. 수열은 면을 분할하는 선의 규칙으로 나아간다. 역으로 선의 규칙은 면을 분할하는 나선의 이미지로 나타난다. 여기에 '황금'비율의 욕망이 꿈틀댄다. "수학을 모르는 사람일지라도, 황금비율(∅)에 매혹되어 끌려 들어간다. 그 황금비율 속에 숫자의 아름다움이

---

[1] "무'는 우리가 찾고 있는 것, 우리가 원하는 것, 우리가 기대하는 것이 없음을 가리키고 있다. …(중략)… 그때 우리는 무(無)란 더 이상 존재하지 않는다고 말한다." 앙리 베르그송, 이광래 옮김, 「가능적인 것과 실재적인 것」, 『사유와 운동』, 문예출판사, 2001(제1판 제4쇄), 118쪽.

담겨 있다."²

하나의 나선에 무한한 숫자가 연결된다(하나와 여럿). 하나의 나선이 분할하는 두 개의 면에 무한한 숫자가 연결된다(둘과 여럿들). 무한한 나선들이 분할하는 무한한 면에 무한한 숫자가 연결된다(하나들과 여럿들). 숫자들을 개별적 존재로 고립시키는 수열의 수비학은 세계를 고립된 숫자들의 모래밭으로 만든다. 이 세상은 낱낱이 흩어져 존재하는 하나들이 일정한 규칙을 따라 연결된 고독한 땅일 뿐이다.

여기서 온 세상을 단 하나의 존재로 묶어내는 라이프니츠의 위대한 역설이 빛을 발한다. 고립되지 않기 위하여, 혹은 더 이상 외롭지 않기 위하여 "모나드는 타자가 출입할 수 있는 창문들을 가지고 있지 않다."³ 하나 안에 온 세상이 포함되고, "미래를 품고 있는 현재 안에 과거를 놓는"⁴ 세상 또한 하나이므로, 모든 것은 주체가 된다. 그러므로 타자 없는 주체는 무언가가 드나들 수 있는 창을 가질 필요가 없다. 수열과 달리 모나드의 존재론은 어느 것도 외로운 객체로 만들지 않는 진정한 하나(들)이자 여럿(들)을 보여준다.

따라서 굳이 찾아 나선다면 자아의 대립은 비자아도 아니고 무자아도 아니다. 그것은 이미 "내가 가진 것(le mien)"⁵ 이다. 모든 것을 내 안에 품고 있는 자아는 대립 항을 갖지 않는다. '홀로'와 '더불어'는 대립되는 두 항이 아니며, 모든 '홀로'가 이미 '더불어'이듯 '더불어' 또한 '홀로'이다.

나는 홀로다.

---

2 금은돌, 「나선의 시학과 선언하는 자」, 『금은돌의 예술산책』, 청색종이, 2020(초판1쇄), 30~31쪽.
3 "Les Monades n'ont point de fenêtres, par lesquelque chose y puisse entrer ou sortir." G. W. 라이프니츠, 「모나드론」, §7, 이정우, 『주름, 갈래, 울림 - 라이프니츠와 철학』, 기획출판 거름, 2001(제1판 제1쇄), 322쪽.
4 질 들뢰즈, 이찬웅 옮김, 「사건이란 무엇인가?」, 『주름, 라이프니츠와 바로크』, 문학과지성사, 2004, 145쪽.
5 질 들뢰즈, 「두 층」, 앞의 책, 199쪽.

너와는 넘지 못할 담벽이 있고
너와는 건너지 못할 강이 있고
너와는 헤아릴 바 없는 거리가 있다.

나는 더불어다.
나의 옷에 너희의 일손이 담겨 있고
나의 먹이에 너희의 땀이 배어 있고
나의 거처에 너희의 정성이 스며 있다.

이렇듯 나는 홀로서
또한 더불어서 산다.

그래서 우리는 저마다의 삶에
그 평형과 조화를 이뤄야 한다.
—「홀로와 더불어」 전문(『한국대표시인 101인선집 - 구상』)

   이 작품에서 '나'와 '너'는 하이데거나 레비나스가 보여준 현상학적 존재론에 기반을 두고 있다. "'있음'이 단 하나의 구체적인 개별자로 '있게 될' 때, 다多가 일一로 수렴될 때 우리는 고독해진다."[6] 라는 명제. 존재자의 근원적 고독(홀로)을 부정하지 않으면서도 그것들의 연결(더불어)을 명확히 인식하고 있다. '홀로'들의 공간적 연결("나는 더불어다")에 시간적 연결이 겹쳐진다("이렇듯 나는 홀로서 / 또한 더불어서 산다").[7] 고독의 물질성을 인정하는 가운데 더불어의 정신적 위안을 보여준다.

---

6 김재홍, 「'홀로서기'와 '서로 함께 있음(Miteinandersein)' - 「수의壽衣」에 대하여」, 『홀로와 더불어』(2022년 여름호), 구상선생기념사업회, 2022, 23쪽.
7 "모든 존재는 같은 씨앗에서 나온 합생으로서 서로 나누고 잇고 엮어져 있다. 시간과 공간은 유기적으로 연결되어 우주의 바탕을 짠다." 테야르 드 샤르댕, 「현대 세계」, 『인간 현상』, 한길사, 2004(제1판 제5쇄), 206쪽.

「홀로와 더불어」는 또한 20세기의 라이프니츠주의다. 모나드의 존재론이 하나와 여럿의 대립을 무너뜨려 세상의 최대화, 최다화를 이끌어냈듯 '홀로'들이 '더불어' 살아가며 물결치고 넘실대는 진정한 일의성을 구현하고 있다. 앞서 "표현하지 않은 데 표현이 살아 있는 비미학도 보인다."며 "구상 시의 요체를 기독교에서 찾는 주제론적 접근만큼 일상어의 과감한 전면화가 이룩한 미적 성과도 주목되어야 할 것"[8] 이라고 했던 대로 과격한 표현욕이 제거된 군더더기 없는 일상어 속에 세련된 현대적 사유가 번뜩이고 있다.

> 오늘날 흔히 서양의 무신론적 실존주의자들은 인간의 단독자적인 면만을 너무나 강조해서 그 고독과 소외에 절망하고 있다. 또 공산당이나 히피족들은 인간의 공동적 유의식類意識의 면만을 강조해서 후자는 그 성性의 공유까지를 이상으로 하는 집단생활을 주장하고 있다. 그러나 이것은 양자가 모두 인간의 일면에만 너무나 절망과 희망을 갖기 때문에서 오는 오류라고 나는 생각한다.[9]

위 산문에서 보이는 통찰은 구상이 왜 현대의 라이프니츠주의자인지, 왜 '신의 변호사'라 부를 만한지 알 수 있게 한다. 우리는 사랑을 위해서도 '하나'가 되어서는 안 되며, 생존을 위해서도 '여럿'만 되어서는 안 된다. 하나는 "어느 쪽 한 인간의 인격과 개성이 말살당하는 결말 이외에는 딴 것이 아니"[10] 며, 여럿에 대한 맹종은 지난 세기 세계대전의 직접적인 원인이자 오늘날까지 이어지고 있는 폭력의 뿌리이다.

신은 결코 '하나'를 위하여 인간들 스스로 말살을 추구하게 만들지 않았

---

8 김재홍, 앞의 글, 25쪽.
9 구상, 「홀로와 더불어」, 『시와 삶의 노트』, 홍성사, 2007(초판 1쇄), 75~76쪽.
10 구상, 앞의 글, 74~75쪽.

으며, '여럿'을 위하여 개개인을 향한 폭력을 허용하지도 않았다. 신은 '하나'와 '여럿', 혹은 '하나들'과 '여럿들'이 자유롭게 물결치는 세상을 만들었을 뿐이다. 그런 점에서 구상의 「홀로와 더불어」는 인간을 위한 인간의 윤리학에 다다른다.

"사물에 대한 자기 진실에의 욕구"[1]
- 「펜의 명銘」에 대하여

여기저기서 무시로 정론직필正論直筆을 언론의 사명이라고 말한다. 모름지기 언론은 정론하고 직필해야만 한다는 주장이다. 그것은 '바르게 논하고 곧게 쓰는' 행위가 결코 쉽지 않다는 것의 반증이다. 그것은 개념적이라기보다 윤리적인 요청에 가깝다. 언론에 요구되는 중립성이라는 보편적 지평이 언론인이라는 개별자의 위치에 따라 얼마든지 굴절될 수 있고, 외려 그러한 현상이 무시로 벌어지는 현장이 실제 언론이다. 언론과 언론인은 구별되어야 한다.

"바둑은 단 한 알로도 공시적으로 하나의 성좌 전체를 무효로 만들 수 있는 반면 장기의 말은 그렇게 할 수 없다."[2] 는 진술은 발화 위치에 대한 반플라톤주의적 발상에 근거하고 있다. 바둑판에 착점 되는 바둑돌 자체를 강제하는 규칙은 전혀 없다. 대국자가 서로 한 점씩 번갈아 둔다는 규정밖에 없다. 어느 위치에 놓이든 돌은 모든 방향으로 의미의 계열을 이어간다.

---

1 구상, 「나는 왜 문학을 하는가?」, 『시와 삶의 노트』(구상문학총서 제6권 에세이), 홍성사, 2007(초판 1쇄), 153쪽.
2 질 들뢰즈·펠릭스 가타리, 김재인 옮김, 「1227년 유목론 또는 전쟁기계」, 『천 개의 고원』, 새물결, 2003, 674쪽.

절대적 중립성도 없고, 완전한 이데아도 없다.

원칙적으로 무한한 착점 위치와 무한한 의미 계열이 가능하다는 점에서 바둑은 주사위 놀이에 버금가는 게임이다. 바둑돌의 위치는 우발적이며, 그러한 위치 이동에 따라 모든 의미는 배치되고 재배치된다. 위치의 맥락에서 완전히 중립적인 의미의 정론이나 직필은 정의할 수 없다. 위치는 그 자체로 의미론의 돌과 같다. 위치에 의해 바둑돌은 의미 계열의 중심 역할을 하며, 사건의 초점으로 기능하게 된다.

시인의 발화 위치도 작품의 의미 형성에 결정적인 영향을 미친다. 시가 비록 다양한 해석 가능성에 의해 창작자의 지배력에 대해 일정한 자율성을 갖는다 할지라도 시인의 발화 위치는 개별 작품의 의미와 작품 세계 전반의 의미 맥락을 형성하는 데 커다란 영향력을 발휘한다. 그런 점에서 한 시인의 시 세계를 분석하는 데 있어 그 시인이 견지한 발화 위치를 추적해 보는 것은 그가 추구한 시적 의미를 유기적으로 파악하는 유용한 길이 될 수 있다.

주지하다시피 구상의 위치에서 주목되는 것은 무엇보다 그가 1938년 성 베네딕도 수도원 부설 신학교 중등과를 수료한 점이다. '세례자 요한'이라는 세례명을 가진 가톨릭 신자로서 사제인 신부가 되기로 작정했다는 점은 그의 시 세계를 파악하는 데 중요한 시사점을 제공한다. 또한 니혼대학 종교과를 졸업한 것도 그의 시에서 보이는 윤리의식과 미의식을 이해하는 데 충분히 고려되어야 한다.

또한 구상은 교육자이기도 했다. 1949년 서라벌예술대학의 전신인 서라벌예술학원 강사를 시작으로 2000년 중앙대학교 예술대학 및 대학원 대우교수[3]까지 무려 51년 동안 대학에서 학생들에게 문학과 시를 가르쳤다. 효성여자대학교, 서울대학교, 서강대학교, 하와이대학교, 가톨릭대학

---

3 "전임교수가 되지 않은 것은 2차의 폐수술로 정규 강의를 못 하고 1주 4시간만 하였기 때문임." 구상, 앞의 책, 381쪽.

교 등 다양한 대학에서 여러 학생들을 가르쳤다는 것은 그의 시에 어떤 흔적을 남겨 놓았을 터이다. 반세기를 넘는 강단의 시간은 분명 자신에게도 일정한 가르침의 기록이었을 터이다.

또한 주목되는 점은 그가 1942년 〈북선매일신문〉 기자를 시작으로 1965년 〈경향신문〉 논설위원 겸 동경지국장을 역임하기까지 20년 이상 언론인으로 살았다는 점이다. 두 매체 외에도 〈연합신문〉(문화부장)과 〈승리일보〉(주간), 〈영남일보〉(주필 겸 편집국장) 등에서 일선 기자 역할만 아니라 매체의 취재 전략과 방향, 논조까지 결정할 수 있는 비중 있는 역할을 수행했다. 위치론과 의미론을 고려하지 않더라도 언론인 구상은 자신의 시에 어떤 표징을 남겨 놓았음이 분명하다.

한 방울의 이슬이 지각을 뚫어
샘으로 솟는
그 청렬淸洌한 정열로
펜을 들자.

밀림에다 불을 붙이고
원야原野를 갈아 새 밭을 일구는
그 푸른 꿈으로
펜을 들자.

천척尺 탄갱坑 속을 뚫어 나가는
광부의 비지땀으로
펜을 들자.

심장수술에 임한 외과의外科醫 메스의
그 과학성科學性과 조심스러움으로

펜을 들자.

태산山 마루 백설白雪같이 빛나는 이성理性으로
격전장戰場 전前 수색대의 기민機敏으로
쇠굴레를 입으로 끊는 노예의
선택과 결단으로
시지프스의 좌절과 절망을 씹어가며

짓밟힌 어린 잡초에도 눈물짓는
사랑을 안고
백결結의 가난한 회심心 속에서
펜을 들자.
　　　―「펜의 명銘」 전문

　'경향신문 창간 28주년 축시임'이라는 각주가 달린 「펜의 명銘」은 구상의 다른 시편들보다 의미의 강화와 수사적 표현욕이 활달한 양상을 띤 작품으로 보인다. 연마다 '~(으)로 / 펜을 들자'고 반복함으로써 진정한 의미의 '펜'이 되기 위한 조건을 강렬하게 제시하고 있다. 청렬한 정열, 푸른 꿈, 비지땀, 과학성과 조심스러움, 기민, 선택과 결단, 사랑, 가난한 회심 등등이다.

　언론과 언론인에게 요구되는 이러한 조건들을 수식하는 표현들은 더욱 다채롭다. 이슬과 샘, 불과 밭, 탄갱과 광부, 심장수술과 외과의, 태산 마루 백설, 격전장의 수색대, 쇠굴레와 노예, 시지프스와 어린 잡초와 가난 등 '~(와)과 같은'에 의해 연결되는 '~(으)로 **펜을 들자**고 반복함으로써 의미의 강화와 음악적 효과까지 발생시키고 있다. 이러한 양상은 극도로 절제된 표현욕을 통해 일상어와 같은 무기교적 시편을 다수 남긴 구상에게는 이례적인 작품이라 할 만하다.

사물에 대한 자기 진실에 대한 욕구가 오늘날까지 나로 하여금 자기 자질에 대한 실망을 되씹으면서도 시를 붙잡고 있는, 즉 시를 쓰는 이유라 하겠다.[4] (강조 - 인용자)

'사물에 대한 자기 진실에의 욕구'라는 명제는 구상이 남겨 놓은 산문들 여러 곳에서 두루 발견된다. 그는 자신의 시에서 '진실'을 찾고자 했으며, 언론과 언론인에게도 그것을 요구했다. 「펜의 명銘」은 진실에 이르는 그 방법을 매우 세밀하게 제시한 작품이라고 할 수 있다. 동시에 그는 "시의 생명은 결국 시로서 어떻게 형상화되었으냐 하는 데 달려 있음은 말할 것도 없다."[5]고 함으로써 진실에 접근하는 언론과 시의 방법은 각기 다르다는 점도 밝혀 두었다.

앞서 살핀 대로 구상의 시 세계를 종합적으로 이해하기 위하여 그가 생전에 경험한 (1)가톨릭 신자, (2)교육자, (3)언론인이라는 세 가지 위치성을 통해 그의 작품을 분석해 보는 것은 상당히 의미 있는 작업이 될 것으로 보인다. 또한 서울, 덕원, 도쿄, 칠곡(왜관) 등 그가 거주했던 공간의 성격까지 복합적으로 고려한다면 한 시인의 내적 기록으로서의 시에 대한 입체적 분석이 가능할 것이다.[6]

---

[4] 구상, 같은 책, 157쪽.
[5] 구상, 같은 책, 158쪽.
[6] 뜻밖에도 구상의 시 세계에 대한 학문적 접근이 다소 빈약한 가운데 그간의 연구 경향은 대체로 문학이론의 내적 방법론에 따라 구조주의 혹은 탈구조주의적 작품 분석에 집중하거나, 윤리의식과 가톨릭 세계관에 주목한 경우가 많았다. 그 몇몇 연구 사례는 다음과 같다. 『具常 詩의 탈구조주의적 연구 : 기표, 주체, 담론을 중심으로』(최도식 박사학위논문, 서강대, 2003), 『구상 시의 타자윤리 연구』(권영옥 박사학위논문, 아주대, 2016), 『구상 시에 나타난 악에 대한 인식과 숭고 정신 연구』(이찬희 석사학위논문, 숭실대, 2021), 『가톨릭시즘의 詩 연구 : 정지용·구상·김남조·최민순·이해인 중심으로』(엄미라 석사학위논문, 건국대), 『구상 시의 구조 연구』(안지은 석사학위논문, 창원대, 2003).

강렬한 휴머니티의 연소
- 「나의 시詩」에 대하여

주지하다시피 구상은 시화詩話라고 부르는 에세이를 많이 남겼다. 시가 있고, 그 작품에 관한 이야기를 에세이로 쓴 것들이다. 가령 「홀로와 더불어」나 「그리스도 폴의 강」에 대응하는 동명의 에세이가 있고, 「초토의 시」에 대응해 「초토의 3경」이 있으며, 「노부부」와 「수의壽衣」에 대응해 「결혼생활의 비결」 등이 있다.

구상은 「우주인과 하모니카」라는 에세이에서 "우리의 옛 글에는 시 이야기, 즉 시화가 많다. 이것은 자신의 시나 당대 시인들의 작품 또는 옛 시에 전해지는 유래나 일사逸事 등을 기록해 놓은 것으로 우리는 저러한 **시 이야기들을 통해서 옛 시인과 옛 지식인의 생활감정뿐 아니라 그들이 처해 있던 사회 상황이나 지니고 있던 문제의식 등을 엿볼 수가 있다.**"면서 자신은 평소 "오늘의 시화를 써 보려고 했었"다고 밝히고 있다(강조 - 인용자). 이는 구상이 아주 의식적으로 시에 관한 에세이를 쓰겠다는 생각을 가졌다는 것이며, 시 독자들을 향한 시화의 효용론적 가치를 매우 중시했음을 알 수 있는 대목이다.[1]

---

[1] 구상, 「우주인과 하모니카」, 『시와 삶의 노트』(구상문학총서 제6권 에세이), 홍성사, 2007(초판 1쇄), 11쪽.

그 가운데 특별히 주목되는 것은 시에 관한 에세이들이다. 직접적으로 시를 언급하며 제목으로 삼은 에세이만 해도 「왜 시를 쓰는가」, 「나의 시의 정진도」, 「나의 시작 태도」, 「나의 시의 좌표」 등 무려 4편에 달한다.[2] 이에 대응한 시 작품도 「나의 시 1」과 「나의 시 2」, 「시와 기어」 등이 있다. 「나의 시」는 판본에 따라 하나의 작품으로 합쳐진 것도 있는데, 본고에서는 『오늘 속의 영원, 영원 속의 오늘』(구상문학총서 제2권 詩)을 따라 연작시 두 편으로 보고 분석하고자 한다.

    달마대사達磨大師는
    벽을 마주하기 9년 만에
    도道도 깨우쳤다는데

    나는 시詩에 매달린 지 50여 년
    이건 원고지를 마주하면
    노상 백지일 따름이니
    하도 어이가 없어
    남의 말 하듯 하자면
    길 잘못 들었다.

    옛 어느 성악가는
    3년간을 폭포가에 나아가
    목청을 뽑아댔더니
    그만 명창名唱이 되었다는데

---

[2] 이 밖에도 「나는 왜 문학을 하는가」, 「나의 문학적 자화상」, 「시집 『웅향』 필화 사건 전말기」 등을 포함하면 모두 7편에 달하는 에세이가 '시' 또는 '문학'을 직접 거론하고 있다.

나도 이 소란과 소음 속에서
　　시를 천 편 가까이나 썼는데
　　명시名詩는커녕 남도 남이려니와
　　내 마음에 드는 시 한 편 없으니
　　하도 어이가 없어
　　남의 말 하듯 하자면
　　참 딱하기도 하다.

　　하지만 이제 어찌하랴?
　　돌이킬 수도, 그만둘 수도 없고
　　또 결코 뉘우치지도 않는다.

　　마치 물에 빠진 사람이
　　헤엄을 잘 치거나 못 치거나
　　목숨을 다하는 그 순간까지
　　허우적대며 헤여댈 수밖에 없듯이
　　나도 이렇듯 시라고 쓸 수밖에는.
　　　　―「나의 시 1」 전문

　달마대사는 면벽 수도 9년 만에 득도하였고 어느 성악가는 3년 동안 폭포에서 목청을 뽑아 명창이 되었다는데, 자신은 "시에 매달린 지 50여 년"이지만 원고지를 마주하면 노상 백지일 따름이라는 자탄이 시의 전반부를 차지하고 있다. "길 잘못 들었다."와 "참 딱하기도 하다."는 시구는 각각 득도한 달마대사와 명창이 된 성악가에 대비되는 자신의 불비한 처지를 표현하고 있다.

　그러나 제5연과 제6연에는 "돌이킬 수도 없고, 그만둘 수도 없"는 시의 길에서 "목숨을 다하는 그 순간까지" 시를 쓸 수밖에 없다는 다짐을 보여준다. 이러한 전언이 다짐일 수밖에 없는 이유는 시의 길에는 끝이 없다는 깨달음에 닿아 있기 때문이다. 돌이킬 수 있다면 돌이켰을 것이고 그만둘 수 있다면 그만두었을 것이지만, 시란 '목숨'에 견주어지는 어떤 숙명의 차원임을 그가 자각했기 때문이다.

'나의 시'는 나의 재능과 능력에 따라 선택적으로 취하거나 버릴 수 있는 것이 아니다. 내가 시를 선택하는 것이 아니라, 시가 나를 선택하는 것이다. 여기에 '시를 쓴다'가 아니라 '시를 적는다'라는 도저한 인식론적 전환이 있다. 따라서 "또 결코 뉘우치지도 않는다."는 표현은 시의 선택을 받는 사람이 자신의 운명에 순응하는 시인으로서의 자각을 함축하고 있다. 그러므로 진정한 시인이라면 "목숨을 다하는 그 순간까지" 시의 부름에 응답하는 삶을 살 수밖에 없다.

> 나는 그대들에게
> 나의 마음의 사연들을
> 습관처럼 털어놓곤 한다.
>
> 하지만 그대들은 내 입술에서
> 행복한 말이 흘러나올 때
> 결코 나를 부러워하지 말라.
>
> 실상 그때 나의 가슴속은
> 모진 아픔과 쓰라림에 차서
> 애타는 갈망과 탄식만이 있느니
>
> 또한 그대들은 내 입술에서
> 불행한 말이 흘러나올 때
> 결코 나를 가엾이 여기지 말라.

>   그때 이미 나의 가슴속은
>
>   아픔과 쓰라림이 말끔히 가시고
>
>   안도의 한숨과 평정 속에 있느니
>
>   나의 거짓 사연에
>
>   그대들은 속지 말라.
>
>   그리고 정녕 속 깊은 사연은
>
>   아직 한 번도 내지 못하였음을
>
>   이제사 그대들에게 고백하노라.
>
>   ―「나의 시 2」 전문

　이 작품은 매우 변증법적인 세 가지 의미 단락으로 분절해 볼 수 있다. 하나는 "내 입술에서 / 행복한 말이 흘러나올 때" 사실은 나의 가슴속은 "애타는 갈망과 탄식만 있느니" 결코 부러워하지 말라는 단락이다[正]. 둘째는 "불행한 말이 흘러나올 때" 사실은 "안도의 한숨과 평정 속에 있느니" 가엾이 여기지 말라는 단락이다[反]. 셋째는 이 모든 것을 포괄하는 "나의 거짓 사연에 / 그대들은 속지 말라."는 표현이다. "정녕 속 깊은 사연은 / 아직 한 번도 내지 못하였"기 때문이다[合]. 작품의 구조적 선명성이 주장하는 시적 의미를 명징하게 만들어주고 있다.

　그렇다면 '나의 시'는 언제쯤 '속 깊은 사연'을 드러낼 수 있는 것일까. 이 작품에 따르면 아마도 영원히 '내지 못할 것'이다. 여기서도 세 가지 의미를 추출해 볼 수 있다. 하나는 시인으로서 구상 자신의 무기력에 대한 탄식이다. 둘째는 언술로서 표현주의적 요소를 가질 수밖에 없는 시 양식의 본질적 한계라는 인식이다. 마지막으로 '거짓 사연'이 아니라 진실을 추구해야 한다는 소당연이다. 진실에 '도달하는 것'이 아니라 진실을 '추구하는 것'에 방점이 찍힌다.

따라서 '나의 시'는 화려한 수사가 아니라 사실에 입각한 표현으로 나아가야 한다. 또한 사사로운 이해를 벗어나 '진실한 사연'에 귀 기울이는 인간애를 갖추어야 한다. 행복에 부러워하고, 불행을 가엾이 여기는 보통의 마음을 그것대로 받아들이면서 '나의 시'는 보다 더 '진실하게' 사람을 향해 나아가야 한다.

> 나의 시에 대한 지향이나 좌표는 나의 시를 어떤 목적이나 방법에 종속시켜서가 아니라 시가 본래적으로 지니고 있고 또 오늘의 이 시대가 요구하는바 **강렬한 휴머니티의 연소** 이외에 다른 것이 아니며 새로운 시대정신을 적극적으로 탐구하고 영원 속의 현존을 추구·파악하려는 자세 이외의 별것이 아닙니다.³(강조- 인용자)

구상은 자신의 시적 좌표를 '강렬한 휴머니티의 연소'를 통해 "새로운 시대정신을 적극적으로 탐구하고 영원 속의 현존을 추구·파악하려는 자세"라고 분명히 밝히고 있다. 이는 그가 "사물에 대한 자기 진실에 대한 욕구가 오늘날까지 나로 하여금 자기 자질에 대한 실망을 되씹으면서도 시를 붙잡고 있는, 즉 시를 쓰는 이유"⁴ 라면서 '진실'에 특별한 의의를 부여하는 것과 마찬가지로 '휴머니티'에도 커다란 비중을 두고 있음을 시사한다.

필자는 그간 아내의 장례식을 치르는 과정을 다룬 「수의壽衣」를 통하여 존재와 존재자를 구별하는 현상학적 고독의 의미를 탐색한 바 있고, 그것을 통해 구상의 시적 사유가 매우 현대적인 철학과 잇닿아 있음을 확인할 수 있었다. 또 「홀로와 더불어」를 통해 하나와 여럿을 대립시키지 않는 반플라톤주의적 일의성의 사유를 살펴보았다. 그리고 「펜의 명銘」을 통해 시인이자 언론인이라는 상이한 두 영역을 경험하면서도 일관되게 진실을 추

---

3 구상, 「나의 시의 좌표」, 앞의 책, 199쪽.
4 구상, 「왜 시를 쓰는가」, 앞의 책, 157쪽.

구함으로써 두 분야의 특성을 하나로 통섭할 수 있었던 사정을 이해할 수 있었다.

그런 점에서 「나의 시 1」과 「나의 시 2」는 구상 시 세계를 이해하는 데 매우 중요한 하나의 플롯을 제공한다. 즉 구상에게 시는 '자기 진실에의 욕구'에서 발원하여 '강렬한 휴머니티의 연소'를 거쳐 '영원 속의 현존'을 추구·파악하는 도정이다. 그의 사유는 가톨리시즘의 기초 위에 대긍정의 일의성과 접속해 있으며, 이것이 자신의 내면에서 '진실에 대한 욕구'로 분출될 때 '휴머니티의 연소'라는 방법론을 취한다는 것이다.

구상의 방법론인 '휴머니티의 연소'는 「나의 시의 좌표」에 매우 상세하게 서술되어 있다. 자신은 김춘수와 같은 표현주의의 거장이 아니며, 마찬가지로 그가 대치시킨 "'민족을 위하여나 민중을 위하여'와 같이 소위 예술사적 역정을 거치지 않은 자연주의적 현실주의나 '계급을 위하여'와 같이 정치적 이념에다 시를 종속시키는 사회주의적 현실주의의 시나 시작태도를 동조하거나 지지하고 있는 것도 아"니라고 밝혔다. 화려한 수사와 강렬한 이미지를 동반하는 표현주의도 아니고, 정치·사회적 이념성을 극한으로 밀어붙이는 마르크스-레닌주의 미학도 아니라는 생각이다.

> 시적 현실의 비평이란 **인간에 대한 뜨거운 애정과 신뢰 즉 휴머니티**에 입각해 있어야 하므로 그 비평은 자연히 추상적이기보다 구상적인 것에 기울어지고 그 대상이 비록 내재적인 것이나 무형적인 것이라 하여도 그것이 명확한 구상적 대상으로 방법화되기까지 즉 명석하게 질서 지워질 때까지는 그 비평을 멈추지 않기 때문입니다.[5](강조 - 인용자)

여기서 볼 수 있듯 구상에게 '휴머니티'란 추상이 아니라 구상具象이다.

---

5   구상, 「나의 시의 좌표」, 앞의 책, 193쪽.

평론가 김윤식이 『현대시학』(1978년 6, 7, 8월호)에 발표한 「구상론具常論」[6]에 대한 반론의 형식을 취하고 있는 이 글에서 그는 "'이미지가 없는 것은 시가 아니다'라든가 '시는 메타포다'라는 통념부터 배격하는 사람"이라고 단언한다. 구상은 정치·사회적 이념성에도 반대하지만, 현란한 표현주의에도 반기를 들었다. 그것들은 인간에 대한 뜨거운 애정을 뜻하는 '휴머니티'가 아니라는 주장이다.

> "나는 현대시의 유형과 그 통념에서 벗어남으로 말미암아 현대시의 문제점인 시에서 유리된 현대인의 마음을 붙잡는다든가 그 전달 방법에 제 나름의 성과를 거두고 있다고 생각합니다."[7]

---

[6] "철저히 기교를 거부함으로써 사람들로 하여금 '비시적이다'라는 외침이 도처에서 들려오기를 고대하고 있는 것처럼 우리에겐 보인다." 구상, 「나의 시의 좌표」, 앞의 책, 194쪽에서 재인용.

[7] 구상, 「나의 시의 좌표」, 앞의 책, 199쪽.

육화(Incarnation)와 죽음과 부활
- 「나자렛 예수」에 대하여

가톨리시즘(catholicism)을 다른 종교나 철학과 이념으로부터 구별 짓는 것은 쉬운 일이 아니다. 어느 종교도 인간이 보편적으로 추구해야 할 가치를 부정하지 않으며, 어느 철학이나 이념도 인간에게 불리한 목표를 제시하지 않기 때문이다. 사랑과 우정과 평화의 메시지를 던지지 않는 사유는 없다.

"말씀이신 하느님께서는 그 정신으로부터 나와 존재하게 된 온 우주처럼, 멀리 하늘에 떨어져 계신 것이 아니라 바로 이 세상에 오셨습니다."[1] 미국 로스앤젤레스 교구의 보좌주교인 신학자 로버트 배런은 '말씀이신 하느님'이 '이 세상'에 온 '사건'(육화)을 가톨리시즘의 가장 큰 원칙이라고 주장한다.

그는 또 육화는 인간의 신화神化를 가능케 하는 조건이라며 교부들은 "하느님이 사람이 되신 것은 사람이 하느님이 되게 하려 하심이다"(Deus fit homo ut homo fieret Deus)[2]라 가르쳤다고 밝힌다. 하느님이 자신을 낮추어 인간이 되었듯이, 인간의 몸도 하느님의 생명을 나누어 받으며 성부와 성

---

1 로버트 배런, 전경훈 옮김, 『가톨리시즘』, 생활성서, 2019(1판 1쇄), 18쪽.
2 앞의 책, 21쪽.

자와 성령의 일치를 이루는 삶을 통해 신화할 수 있다는 생각이다.

가톨릭교회의 장래를 책임져야 할 청년들을 대상으로 한 교리서에도 "'강생'은 하느님이 예수 그리스도 안에서 인간이 되셨다는 뜻으로, 그리스도교 신앙의 토대이자 인간 구원이라는 희망의 토대"[3]라고 밝히고 있다. 눈으로 볼 수 없었던 하느님을 예수 그리스도를 통해 볼 수 있게 함으로써 인간에 대한 당신의 사랑이 얼마나 깊은지 나타내었다는 것이다. 육화 혹은 강생은 확실히 가톨릭과 다른 종교를 구별하는 특징적 요소이다.

사람의 모습으로 태어난 하느님인 예수는 죄를 제외하고는 인간과 모든 면에서 똑같은 삶을 살았다. 먹고 마시고 일하고 기도하는 삶을 통해 사람 속에서 사람의 구원을 추구하였다. 그러나 아무런 죄가 없는 예수는 '유다인의 왕'이라는 부당한 죄목을 뒤집어쓰고 십자가에 못 박혀 죽임을 당했다. 물론 그 죽음과 부활은 스스로 예고한 것이었다. 예수는 사흘 만에 다시 살아났다.

가톨리시즘의 본질을 이루는 육화와 죽음과 부활은 14연 60행에 이르는 구상의 시 「나자렛 예수」에도 특유의 어법과 언술로 그대로 재현되어 나타난다. 작품의 분량을 고려해 의미 단락을 나누어 분석해 본다면, 예수의 육화와 죽음에 관한 내용은 두 번째 연에 들어 있다.

> 나자렛 예수!
> 당신은 과연 어떤 분인가?
>
> 마구간 구유에서 태어나
> 강도들과 함께 십자가에 못 박혀 죽은
> 기구망측한 운명의 소유자,
> ―「나자렛 예수」 부분(1~2연)

---

[3] 오스트리아 주교회의, 최용호 옮김, 『YOUCAT - 가톨릭 청년 교리서』, 가톨릭출판사, 2014(초판 11쇄), 29쪽.

"예수님께서는 헤로데 임금 때에 유다 베들레헴에서 태어나셨다."(마태 2,1) 동방박사들이 '유다인들의 임금으로 태어나신 분'에게 경배하러 예루살렘에 와서 헤로데에게 예수가 어디에 있는지 물었고, 그러자 헤로데는 그 아이를 찾아 죽이려고 하였다. 이에 '주님의 천사'가 요셉에게 아기를 데리고 이집트로 피신할 것을 권하였다. 그리고 헤로데가 죽을 때까지 거기 있다가 다시 천사의 안내를 따라 이스라엘에 돌아와 정착한 곳이 나자렛[4]이었다. 예수는 말구유라는 가장 낮은 곳에서 목수 요셉의 아내 동정녀 마리아에게서 태어났다.

그리고 '유다인들의 왕'이라는 죄목으로 십자가형에 처해질 때 그의 좌우에는 강도들이 있었다. "그때에 강도 두 사람도 예수님과 함께 십자가에 못 박혔는데, 하나는 오른쪽에 하나는 왼쪽에 못 박혔다."(마태 27,38) '하느님의 외아들'인 구세주 예수는 강도들과 같은 잡범 취급을 당하며 그들과 함께 죽임을 당했다.

구상은 예수의 탄생과 죽음을 두 줄의 시행으로 요약했다. 그가 예수의 탄생에서 본 것은 '구유'라는 비천함의 상징이고, 죽음에서 본 것은 '강도들과 함께'라는 비천함의 상징이다. 때문에 "기구망측한 운명의 소유자"라는 결론을 내릴 수 있었다.

    집도 절도 없이 떠돌아다니며
    상놈들과 창녀들과 부역자들과
    원수로 여기는 딴 고장치들과
    어울리며 먹고 마시기를 즐긴 당신,

    가난한 사람들에게
    굶주린 사람들에게

---

4 "그는 나자렛 사람이라고 불릴 것이다."(마태 2,23)

우는 사람들에게
의로운 일을 하다 미움을 사고
욕을 먹고, 쫓기고
누명을 쓰는 사람들에게

'행복한 사람은 바로 당신들'이라고
'하느님 나라는 바로 당신들 차지'라고
엄청난 소리를 한 당신,

소경을 보게 하고
귀머거리를 듣게 하고
앉은뱅이를 걷게 하고
문둥이를 말짱히 낫게 하고
죽은 사람을 살려내고도

스스로의 말대로
온 세상의 미움을 사고
욕을 먹고, 쫓기다가
마침내 반역자란 누명을 쓰고
볼꼴 없이 죽어 간 철저한 실패자,
―「나자렛 예수」부분(3~7연)

예수의 탄생과 죽음을 요약한 다음 3연부터 7연까지는 예수의 삶을 개괄한다. 예수는 공생활을 한 3년 반 동안 정말 집도 절도 없이 떠돌아다녔으며, 상놈과 창녀들과 부역자들과 딴 고장치들과 어울려 '하느님 나라'에 이르는 길을 가르치고 또 가르쳤다. 또한 마음이 가난한 사람들, 슬퍼하는 사람들, 온유한 사람들, 의로움에 주리고 목마른 사람들, 자비로운 사람들,

마음이 깨끗한 사람들, 평화를 이루는 사람들, 의로움 때문에 박해받는 사람들을 일일이 호명하며 '하늘 나라가 그들의 것'이라고 외쳤다.[5]

예수는 또 눈먼 이들이 다가와 청하자 그들의 눈에 손을 대어 눈을 열어 주었고(마태 9,27~30), 귀먹고 말 더듬는 이가 찾아오자 그들을 군중 속에서 따로 데리고 나가 귀를 열고 묶인 혀가 풀리도록 해주었다(마르코 7,31~35). 그리고 다리 저는 이들을 걷게 하고, 나병 환자들을 깨끗하게 하고, 죽은 이들을 되살려낸 다음 "나에게 의심을 품지 않는 이는 행복하다"고 선언했다(루카 7,21~23).

이러한 행위의 바탕을 이루는 예수의 마음을 인간에 대한 사랑으로 해석하고 그것을 따라 가톨릭교회의 사회 교리가 정립되었다. 인간은 공동체를 이루어 살아가는 철저하게 사회적 존재이며, 그로 인해 '정의로운 질서'를 구축해 '사랑의 완성'을 추구해야 한다. 그것이 예수의 행동에서 깨달을 수 있는 바다.[6] 구상이 이 작품에서 예수의 공생활을 상세히 열거한 것이 그가 인식하고 있는 가톨리시즘의 사회적 가치가 무엇인지를 표상한다고 하겠다.

예수는 결국 유다인들의 수석 사제들과 율법 학자들의 광범위한 미움을 사 죽임을 당했다. 이를 구상은 "마침내 반역자란 누명을 쓰고 / 볼꼴 없이 죽어 간 철저한 실패자"라고 표현했다. 그런데 예수는 자신의 죽음을 여러 차례 예고했을 뿐만 아니라 그렇게 죽어가야만 한다고 강조했다. "이제 되었다. 시간이 되어 사람의 아들은 죄인들의 손에 넘어간다"(마르코 14,41). 그렇다면 예수의 죽음은 실패가 아니라 성공이다. 그럼에도 구상은 "철저한 실패자"로 말함으로써 죽음의 역설적 의미를 강화하는 한편, 다음 연에 나타나는 자신의 신앙(믿음) 생활에 구체성을 부여한다.

---

[5] 마태오복음 5장 3절부터 12절까지의 내용에 해당한다.
[6] YOUCAT재단, 김선태 옮김, 『DOCAT - 무엇을 할 것인가』, 가톨릭출판사, 2016(초판 1쇄), 38쪽.

내가 탯줄에서 떨어지자 맺어져
나의 삶의 바탕이 되고, 길이 되고,
때로는 멀리하고 싶고 귀찮게 여겨지고,
때로는 좌절과 절망까지 안겨 주고,
때로는 너무나 익숙하면서도
생판 낯설어 보이는 당신,
당신의 참모습은 과연 어떤 것인가?
— 「나자렛 예수」 부분(8연)

가톨릭 신자인 부모의 신앙고백에 따라 젖먹이에게 베푸는 세례를 유아세례라고 한다. 이 작품을 통해 구상은 유아세례를 받았으며, 아주 어릴 때부터 가정 안에서 풍부한 가톨릭의 영향력 속에서 성장했음을 알 수 있다. 그의 형은 신부였으며, 자신도 함경도 덕원에 있던 성 베네딕도 수도원 부설 소신학교小神學校에 들어가 신부가 되기 위한 중등 교육 과정 공부를 시작한 바 있다.

여기서 그는 "때로는 멀리하고 싶고 귀찮게 여겨지고"와 같이 자신의 신앙생활 안에서 벌어진 일들을 가감 없이 드러냈다. 예수는 그에게 때로 좌절과 절망까지 안겨 주었고, 너무 익숙하면서도 낯설기도 했다. 구상은 시인으로 살며 종교가 다른 많은 이들을 만나고 교유하기도 하였지만, '세례자 요한'이라는 본명으로 살며 한평생 가톨릭 신자로서의 삶에 충실했다.

그리고 시는 "당신의 참모습은 과연 어떤 것인가?"라는 질문을 던지며 그 답을 찾아 전개된다.

당신은 사상가가 아니었다.
당신은 도덕가가 아니었다.
당신은 현세의 경륜가가 아니었다.
아니, 당신은 종교의 창시자도 아니었다.

그래서 당신은 어떤 지식을 가르치지 않았다.
당신은 어떤 규범을 가르치지 않았다.
당신은 어떤 사회혁신운동을 일으키지 않았다.
또한 당신은 어떤 해탈을 가르치지 않았다.

한편 당신은 어느 누구의 과거 공적이 있고 없고를 따지지 않았고
당신은 어느 누구의 과거 죄악의 많고 적음을 따지지 않았고
당신은 실로 이 세상 모든 사람의 생각이나 말을 뒤엎고

'고생하고 무거운 짐을 지고
허덕이는 사람은
다 내게로 오라,
내가 편히 쉬게 하리라'고
고통 받는 인류의 해방을 선포하고

다만, 하느님이 우리의 아버지시오,
그지없는 사랑 그 자체이시니
우리는 어린애처럼 그 품에 들어서
우리도 아버지가 하시듯 서로를 용서하며
우리도 아버지가 하시듯 다함없이 사랑할 때

우리의 삶에 영원한 행복이 깃들고
그것이 곧 〈하느님 나라〉라고 가르치고
그 사랑의 진실을 목숨 바쳐 실천하고
그 사랑의 불멸을 부활로써 증거하였다.
　　　　　─「나자렛 예수」부분(9~14연)

예수는 사상가나 도덕가가 아니었다. 세속의 경륜가도 아니었고 종교의 창시자도 아니었다. 그는 지식을 가르치지 않았고, 규범을 제시하거나 사회 혁신운동을 일으키지도 않았다. 그는 공적을 따지지 않았고, 죄악을 따지지 않았다. 또한 "세상 모든 사람의 생각이나 말을 뒤엎"어 버렸다. '~아니다', '~않다'라는 서술어가 무려 10행에 달하는 동안 예수의 참모습은 서서히 윤곽을 드러낸다.

예수는 '고통받는 인류'의 해방을 선포한 이다. "고생하고 무거운 짐을 진 너희는 모두 나에게 오너라, 내가 너희에게 안식을 주겠다."(마태 11,28)는 성경 구절을 그대로 원용하면서 마지막 연에 이르기까지 예수의 참모습을 정의해 나간다. 보다시피 예수는 '깃들고', '가르치고', '실천하고', '증거한' 사람의 아들이다. 그는 '사랑의 진실'에 목숨을 바치고, '사랑의 불멸'을 부활로써 증거한 이다.

이처럼 「나자렛 예수」는 가톨릭교회가 가르치는 교리에 충실한 내용으로 구성되었다. 예수의 삶을 '육화와 죽음과 부활'이라는 세 마디로 정리하고, 그러한 삶이 결국 인간의 구원을 위한 것이었음을 드러내었다. 물론 이 작품에서도 구상의 어법은 '강렬한 휴머니티의 연소'에 부합하는 평이한 비시적 언어로 보인다. 이는 그가 스스로 "현대시의 문제점인 시에서 유리된 현대인의 마음을 붙잡는다든가 그 전달 방법에 제 나름의 성과를 거두고 있다"[7]고 평가한 대로 고도로 의도된 평이함이다.

이와 관련해 김윤식은 "직설적이며 명확성을 지닌 표현을 사용하는 것은 확실히 그의 신앙의 적극적인 면을 나타내는 것"[8]이라고 하면서 구상의 시를 종교적 세계 안에 가두고자 했으나, 구상은 「나의 시의 좌표」에서 그의 견해에 대해 강한 반대 의견을 제출한 바 있다. 또 다른 여러 글에서도 일관되게 "내가 의식적으로 시에서 비유를 피하고 평면적 서술을 택하는

---

7 구상, 「나의 시의 좌표」, 『시와 삶의 노트』(구상문학총서 제6권 에세이), 홍성사, 2007(초판 1쇄), 199쪽.
8 김윤식, 「구상론」, 『현대시학』(1978년 8월호), 현대시학사, 116쪽.

일면도 있"⁹다고 밝혔다.

  구상은 많은 작품에서 성경을 인유하거나 성인과 성녀 등 교회사적 인물들을 소재로 활용한 경우도 있었지만, 그것이 종교적 열정 안에서 벌어진 것으로 단정하는 데에는 주저하게 된다. "'시적 자아'와 '실존적 자아'의 합일을 추구"했다며 구상의 시는 "한국 현대시의 종교적 사상성을 높이는 독보적인 굴곡의 발자취를 남겼다."¹⁰고 평가한 오정국의 견해와 같이 그의 시는 예술과 종교 두 측면을 모두 포괄하고자 노력한 결과라고 보아야 할 것이다. 구상은 어디까지나 '강렬한 휴머니티의 연소'를 일으키고자 했던 시인이다.

---

9 구상, 「나의 시작 태도」, 앞의 책, 185쪽.
10 오정국, 「구상 시의 가톨리시즘 담론」, 『야생의 시학』, 시인동네, 2019(초판 1쇄), 94쪽.

제2부

대립을 넘은 대긍정의 장쾌함
- 연작시 「초토의 시」에 대하여

1956년 청구출판사에서 간행된 구상의 두 번째 시집 『초토의 시』는 15편의 연작으로 이루어져 있다.[1] 편편마다 한국전쟁과 전후의 피폐한 사회상을 가감 없는 사실적 표현으로 기록했는가 하면, 이념적 대립과 패권주의적 국제질서의 희생물인 동족상잔에도 불구하고 비대립적 존재론에 입각한 대긍정의 시적 사유를 보여줌으로써 한국 현대시를 대표하는 명편 가운데 하나로 자리 잡았다.

그런 사정으로 연작 「초토의 시」에 대해서는 이미 많은 논자들의 연구가 수행된 바 있다.[2] 그 가운데 곽효환은 『초토의 시』에 수록된 시편들은

---

[1] 구상은 1952년부터 1956년까지 "현재 대구가톨릭대학교로 통합된 효성여자대학교에서 문리과 대학 부교수"로 재직한 바 있다. 그렇다면 『초토의 시』는 그의 종군 체험과 더불어 휴전 후에도 다부동 전투 등 격전의 흔적이 고스란히 남아 있던 대구와 왜관 등 그 주변 지역에서의 생활이 표현의 매개체가 되었을 가능성을 상정할 수 있다. 배봉한, 「삶을 노래한 구도 시인」, 한국천주교 평신도사도직단체협의회 엮음, 『불꽃이 향기가 되어』(제2권), 도서출판 으뜸사랑, 2017, 43쪽 및 51쪽 참조.

[2] 구상의 시 세계 전반에 대한 종합적인 연구는 아직 제대로 이루어지지 못하고 있는 형편이지만, 「수난의 장」부터 「초토의 시」까지 초기 시에 집중한 곽효환, 최라영, 정금철 등의 연구를 통해 「초토의 시」가 구상의 시 세계에서 차지하는 위상과 의미를 짐작해 볼 수 있다. 또한 『응향』 필화 사건이나 「그리스도 폴의 강」, 「밭 일기」 등 주목되는 연작시에 대한 개별적인 접근, 가톨리시즘(catholicism)적 세계관에 주목한 논급들은 지속되고 있다. 가령 「해방기 『응향』 사건 연구」를 쓴 강호정, 「신현실주의 시론 - 구상론」의 김윤식, 「초월과 물의 시학」을 쓴 홍신선, '전후 휴머니즘의 발견'이란 관점에서 접근한 고형진, 「구상문학과 신의 존재」를 쓴 안수환, 「구상 시의 가톨리시즘 담론」을 쓴 오정국, 개별 작품 56편을 읽고 간단한 독후감을 붙인 김석준 등의 선행 연구를 들 수 있다.

"각각이 독립된 내용과 형식을 갖추고 있"다면서 "초토가 된 세계에서 인간 내면의 강인한 생명력과 희망을 찾아내고 이를 기독교적인 윤리의식과 휴머니즘으로 형상화하고 있다."[3]고 평가한 바 있다. 그는 특히 「초토의 시」 연작이 여러 번의 개작 과정을 보인 데 주목하여 그 양상과 의의를 정리하기도 했다.[4]

오정국은 첫 시집 『구상』과 더불어 『초토의 시』에 대해 "역사의식을 바탕으로 시대 현실을 담아낸 시"라고 하면서 이를 구상 시 세계의 세 가지 측면 가운데 하나로 꼽았다. 그에 따르면 구상은 (1) 역사의식을 바탕으로 시대 현실을 담아낸 시, (2) 형이상학적 관점으로 인간의 실존을 탐구한 시, (3) 가톨릭 세계관을 구현하려는 종교적 신앙시 등의 세 측면을 드러낸 시인이다.[5]

또한 김석준은 「초토의 시」 연작은 "사산된 이데올로기가 만든 비극성을 예의 주시하면서, 더 이상 숭고한 것으로 존재할 수 없는 파편화된 이념의 언저리를 포월의 정신성으로 승화시킨 영혼의 산물"일지 모른다면서 구상에게 "이념은 즉자적 실존의 문제를 넘어서지 못할 뿐만 아니라, 모든 비극의 원인이자, 민족의 분열을 획책하는 사악 그 자체를 지시하고 있다."[6]고 했다.

이 밖에도 이숭원은 "인간 본능의 밑바닥까지 목격한 그의 전쟁 체험은 단순한 월남 실향민의 시선을 넘어서서 더 깊은 차원에서 인간의 삶을 조망할 수 있는 기회를 마련해 주었다."면서 「초토의 시」 연작은 "초토의 비극성에 머물지 않고 거기서 새로운 휴머니즘의 기틀을 발견"한 작품으로

---

3   곽효환, 「구상의 〈초토의 시〉 연구」, 『동아시아문화연구』(제79집), 2019, 13쪽.
4   이밖에도 「초토의 시」 개작 양상에 대해서는 최도식의 논문을 참고할 수 있다. 최도식, 〈「초토의 시」의 개작 양상 연구〉, 『한국문학이론과비평』(제10권 제3호), 한국문학이론과비평학회, 2006.
5   오정국, 「구상 시의 가톨리시즘 담론」, 『야생의 시학』, 시인동네, 2019, 71쪽.
6   김석준, 「비극적인 역사의 유미적 승화」, 『공감, 실재에 이르는 길』, 나무와숲, 2021, 52쪽.

보았다.7

　이처럼 많은 평자와 연구자들의 관심에도 불구하고 작품론적 분석과 작가론적 접근을 종합하고 문학사적 맥락까지 더해 입체적으로 조명한 글은 아직 뚜렷하지 않은 형편이다. 이는 한국 현대시사에서 전쟁 체험과 전후 시를 대표하는 작품으로 평가받고 있다는 점을 감안하면 다소 의외의 상황이라 할 수 있다. 그렇다면 바로 이 점이 앞으로 구상의 시 세계를 이해하는 데 있어 주요한 과제가 될 터이다.

　그런데 이러한 입체적 연구를 시도하는 데 따르는 어려움도 적지 않아 보인다. 우선 연구 대상 텍스트가 모두 15편에 이르는 방대한 분량의 연작시라는 점에서 그에 상응하는 분량의 분석적 노력이 요구한다는 점을 생각할 수 있다. 또한 70년에 가까운 시간적 거리는 해당 시기 구상의 시적 의욕을 작가론적으로 이해하는 데 어려움을 더한다는 사실도 꼽을 수 있다.

　이에 더해 그가 가톨릭 사제가 되고자 했던 점과 니혼대학 종교과를 졸업한 전공자라는 점에서 구상 시의 근간을 형성하고 있는 종교적 사유에 대한 깊이 있는 접근이 어렵게 한다고 할 수도 있다. 여느 종교도 마찬가지지만, 가톨릭 세계관을 순논리적으로 이해하는 것은 가능하지도 않고 타당하지도 않기 때문이다.

　그럼에도 불구하고 다른 문학 텍스트와 마찬가지로 이와 같은 세 관점에서 「초토의 시」 연작을 입체적으로 이해해야 한다는 요청은 불가피하다.

　「초토의 시」 연작에 대해서는 우선 제11편 '적군 묘지 앞에서'를 통해 연작시 전반의 시적 의도를 추정한 뒤 제1편부터 차례로 읽어나가는 방식이 타당할 것으로 보인다. 15편 가운데에서 이 작품이 가장 많이 언급되고 있는 데다 가톨릭 세계관에 입각해 대립적 세계관을 벗어나 대긍정의 구원 의식을 보여주는 작품이기 때문이다.

7　이숭원, 「인간주의적 전망의 시적 형상화」, 『구도 시인 구상 평전』, 분도출판사, 2019, 118쪽.

오호, 여기 줄지어 누웠는 넋들은
눈도 감지 못하였겠구나.

어제까지 너희의 목숨을 겨눠
방아쇠를 당기던 우리의 그 손으로
썩어 문드러진 살덩이와 뼈를 추려
그래도 양지 바른 두메를 골라
고이 파묻어 떼마저 입혔거니
죽음은 이렇듯 미움보다도 사랑보다도
더욱 신비스러운 것이로다.

이곳서 너와 너희의 넋들이
돌아가야 할 고향땅은 30리면
가로막히고
무주공산無主空山의 적막만이
천만 근 나의 가슴을 억누르는데

살아서는 너희가 나와
미움으로 맺혔건만
이제는 오히려 너희의
풀지 못한 원한이
나의 바람 속에 깃들어 있도다.

손에 닿을 듯한 봄 하늘에
구름은 무심히도
북으로 흘러가고
어디서 울려오는 포성 몇 발

나는 그만 은원恩怨의 무덤 앞에

목놓아 버린다.

　　　―「초토의 시 11 - 적군 묘지 앞에서」전문

　총 5연 25행의 이 시편은 분량 면에서도 단독 작품으로 손색이 없을 뿐만 아니라 한 편의 시로서 갖추어야 할 내용과 형식을 두루 확보하고 있다는 점에서 「초토의 시」 연작에서 떼어내도 아무런 문제가 없어 보인다. 또 시행을 구성하고 있는 시어들의 율격과 시행의 전개 역시 현대시에 어울리는 자유로운 경영[8]을 하고 있으며, 적군 묘지 앞에 선 시적 화자의 진술 혹은 독백조의 어세語勢는 전쟁의 참상을 마주한 한 자아의 내면세계에 부합하는 것이다.

　특히 '~구나, ~로다, ~도다' 등의 영탄형 어미들은 참상의 현장이 아니라 그 이후라는 시간적 배경에 어울리는 어기를 형성하고 있다. 여기에 "어디서 울려오는 포성 몇 발"과 같은 구체적 상황이 곁들여지면서 독자도 마치 시적 화자와 함께 무덤 앞에 선 것 같은 생생한 현장감을 주고 있다.

　제1연은, "오호, 여기 줄지어 누웠는 넋들은 / 눈도 감지 못하였겠구나." 라면서 적군의 무덤이 아니라 비참하게 세상을 떠난 아군의 묘에서 느끼는 것과 같은 안타까움을 표현하고 있다. 이는 작품 도입부로서 나머지 시행들의 전개 양상을 암시하는 역할을 하면서 대립적 분노가 아니라 죽음에 대한 보편적인 공감을 불러일으키고 있다. 때문에 제2연에 묘사된 대로 적들의 "썩어 문드러진 살덩이와 뼈를 추려" 양지바른 두메에 묻어주는 행위가 모순되지 않은 자연스런 귀결로 보이게 만들어 준다.

　그리고 이 작품의 주제와 연결되는 표현이 등장한다. "죽음은 이렇듯 미

---

[8] 음보율의 측면에서 3음보, 4음보, 5음보 등이 자유롭게 구사되고 있으며, 각 연의 분량도 2행, 7행, 5행, 5행, 6행으로 규칙성을 벗어나 있다. 또 시행의 어미들도 영탄형, 전환형, 종결형 등이 작품의 의미 맥락과 유기적으로 호응하면서 활달하게 배치되어 있다.

움보다도 사랑보다도 / 더욱 신비스러운 것이로다." '신비'는 삶과 죽음 자체에 있는 게 아니라, '미움'이나 '사랑'을 넘어서는 유한한 생명으로서 인간의 숙명에 있다. 죽음은 모든 인간적 가치를 넘어서는 절대적인 차원을 상정한다. 때문에 죽음을 공유한 인간으로서 "이제는 오히려 너희의 / 풀지 못한 원한이 / 나의 바람 속에 깃들어 있"다는 주제에 도달할 수 있는 것이다.

인간 존재의 유한성이라는 공유지 위에서는 아군도 적군도 구별되지 않는 하나가 된다. 기쁨도 슬픔도 희망도 절망도 결국 다른 것이 아니다. 희로애락애오욕喜怒哀樂愛惡欲을 모두 하나로 묶을 수 있는 근거는 유한성이다. 때문에 적군의 묘지 앞에서 적군의 원한을 '나의 바람' 속에 품을 수 있는 것이다.

그런 점에서 인간은 "보이지 않는 것을 희망하는"[9]존재이다. 죽음 너머 영원한 생명을 희망하는 인간이기에 "이 세상에서 이방인이며 나그네일 따름"[10]이라고 고백할 수 있는 것이다. 바로 이 지점이 대립의 이원론이 아니라 비대립적 일원론으로 나아가는 구상의 시적 사유라고 할 수 있다. 구상이 적군의 "은원의 무덤 앞에서" 목을 놓을 수밖에 없었던 것은, '살아서' 서로를 향해 방아쇠를 당기던 이념의 칼날이 '죽어서' 이토록 허무한 구원의 희망밖에 남지 않는 것임을 명확히 인식했기 때문이다.

그것은 베드로가 "제 형제가 저에게 죄를 지으면 몇 번이나 용서해 주어야 합니까?"라고 물었을 때 예수가 "일곱 번이 아니라 일흔일곱 번까지라도 용서해야 한다."[11]고 답한 까닭이기도 하다. '이곳'에서의 죄는 본질적인 것이 아니며, '저곳'에 진정한 구원이 있음을 믿지 못하는 데 죄악이 있다는 것이다. 구원은 '여기' 있는 것이 아니라 '저기'에 있다. 그러므로 결국

---

[9] "보이는 것을 바라는 것은 희망이 아닙니다. 보이는 것을 누가 희망합니까?" (로마서 8,24)
[10] "이 세상에서 이방인이며 나그네일 따름이라고 고백하였습니다." (히브리서 11,13)
[11] 마태오복음 18,21~22

가톨릭 세계관이다.

    그것은 모두가 하느님의 피조물로서 하나가 되는 대통합의 일원론이다. 하나가 여럿으로 구별되고, 여럿이 또한 하나로 수렴되는 대긍정의 일의적 세계이다. 그것은 휴머니즘이 아니라 그것을 넘어선 지점이다. 인간의 차원에서 인간을 바라본 세계가 아니라 인간을 넘어 근원적인 구원을 열망하는 관점이다. 때문에 "소녀의 미소엔 앞니가 빠"졌지만, "죄 하나도 없다"(「초토의 시 1」)는 표현이 가능한 것이며, "이제는 그만 내가 흑백黑白의 부자상父子像이 되어 이마에 땀방울을"(「초토의 시 2」) 지을 수 있는 것이다.

    이처럼 「초토의 시 11 - 적군 묘지 앞에서」는 연작시 전체가 함축하고 있는 가톨릭 세계관이라는 시적 사유를 전면화시키면서 대립을 넘어 대긍정에 도달하는 장쾌한 세계를 보여주는 작품이다. 이 같은 분석을 토대로 나머지 14편에 대해서도 세밀하게 검토하는 기회가 오기를 기대하며 아래에 연작시의 대미를 옮겨 적는다.

        우리의 부활을 증거하여
        무덤 위에 필
        알알의 목숨의 꽃씨를
        즐거이 정성 들여 뿌리자
                ―「초토의 시 15」 부분

까마귀의 '경고'와 인간의 '무관심'
- 연작시 「까마귀」에 대하여

　금빛 찬란한 가을 들녘이 지푸라기 날리는 진갈색 겨울 들판으로 바뀌면 쓸쓸하기만 하다. 그런 드넓은 논밭 위 V자형 대열을 이루어 새까맣게 날아가는 까마귀 떼를 보면 스산한 느낌까지 든다. 둔탁한 먹빛도 답답한 노릇이지만, 깍깍 소리치는 음조 또한 날카로운 경고음으로 들린다. 그것들은 이제부터 얼어붙은 계절에 대비해야 한다, 추위와 배고픔을 견뎌야 한다고 외치는 듯하다.
　우리에게 까마귀는 흉조凶鳥가 아니었지만 그렇다고 길조라 할 수도 없었다. "썩은 고기와 죽은 벌레로 배를"(「까마귀·3」) 채워서만 아니라 외양과 섭생과 생태가 모두 어떤 불길한 징조로 인식되어 왔다. 견우와 직녀의 만남을 가능케 한 오작교烏鵲橋의 한 축이었다는 극히 예외적인 사례를 제외하고 까마귀는 언제나 그 불길함으로 인해 인간의 위기의식을 자극하는 존재였다.
　그런 까마귀가 들녘을 떠나 "봄놀이 버스가 들떠서 달리는 고속도로 한복판에"(「까마귀·2」) 나타나는가 하면, "북악北岳 허리 고목 가지에 앉아"(「까마귀·3」) 세상살이를 굽어보기도 하고, '서울 여의도 아파트 숲'(「까마귀·5」, 「까마귀·10」)을 날아다니기도 한다. 사람들은 "저런 쓸모없는 재수 없는 날짐승이 / 아직도 살아남았나? 하는 표정"(「까마귀·11」)을 짓는다. 까마귀가 왜 인간 문명의 핵심부인 대도시에 나타났는지 무관심한 채 우리는 그저 세상살이에 바쁘기만 하다.

만일 구상의 「까마귀」 연작 14편에 출발 지점이 있다면, 그곳은 마땅히 '까마귀'와 '인간'이 될 터이다. 그것은 까마귀의 '경고'와 인간의 '무관심'이다. 때로 까마귀가 목숨을 걸고 알려주려는 위기를 인간은 철저히 무시하고 거부하기까지 한다. 그러므로 진정 세상을 통찰하는 시인은 까마귀와 인간을 연결해 둘 사이의 길항에 종지부를 찍어야 하는 것이다. 때문에 구상은 "오늘의 시인들의 불명不明이 이 시대를 이처럼 흐리게 하는 거지!"(「까마귀·5」)라고 탄식하는 것이다.

세계를 예각적으로 인식하는 시인마저 자신의 역할을 다하지 못할 때 까마귀의 경고는 무의미해지고 인간의 삶은 영원히 구원받을 수 없게 된다. 스비아고 산 속에 있던 '베네딕도의 까마귀'가 홀연 나타나 "그대는 요행을 피하고, 정조를 지키며, 진실을 살라!"(「까마귀·4」)는 아빠스의 말씀을 전해도 아무 소용이 없는 것이다.[1] 그러므로 구상의 「까마귀」 연작은 절박한 전언傳言의 체계가 된다. 절박함의 강도가 클수록 메시지는 강렬해지고, 세태가 난마 같을수록 시편의 길이도 늘어난다.

그런 점에서 연작시 「까마귀」의 출판 시점이 1981년이란 사실은 주목되어야 한다.[2] 산업화가 어느 정도 성숙돼 수출 100억 불을 달성(1977년)하는가 하면, 그 이면 현상으로 농촌 경제의 붕괴와 도시빈민의 증가라는 사회경제적 결과가 노정된 때였다. 또 경제성장을 이끌던 박정희 대통령의 갑작스런 유고와 전두환 정권의 출범은 정치적 권위주의의 심화로 이어졌다. 출판 시기를 고려할 때 「까마귀」는 1970년대 말에서 80년대 초 사이에

---

[1] 스비아고 산은 가톨릭 성인 베네딕도(Benedictus, 480~547)가 출가 후 처음으로 은수 생활을 시작한 로마 근처의 산으로, 성인은 까마귀를 잘 사귀어 그것들의 도움을 받기도 하였다고 한다. 아빠스는 사부師父라는 뜻의 라틴어로 수도원의 대원장을 부르는 호칭이다. 구상, 『구상 문학 총서』(제3권, 연작시), 홍성사, 2004, 45쪽 각주 참조.

[2] 『까마귀』는 1981년 12월 15일 한국문학도서관에서 출판되었다.

창작되었던 것으로 추정할 수 있다. 따라서 정치적·사회경제적 격동기라는 시대적 배경이 작품 전반에 관류하고 있는 것이다.

서시에 해당하는 1편을 제외하고 「까마귀」 연작은 크게 세 가지 주제론적 분석을 가능하게 한다. 이 첫째 성찰과 반성이 사라진 인간 세계에 대한 비판, 둘째 정치권력의 폭주와 황금만능주의에 대한 경고, 셋째 수도자적 정신과 경건한 삶의 회복을 위한 각성의 요구 등이 그것이다. 이와 같은 점에서 가톨리시즘에 입각한 종교적 사색과 형이상학적 사유의 시편들을 남긴 구상의 시 세계에서 「까마귀」 연작은 독특한 위상을 갖는다. 그것은 매우 돋보이는 현실 참여의 사례이다.

성찰과 반성에의 요구

까마귀는 말한다. 아니, 운다. "오산 인터체인지 근처 고속도로 한복판"에서 "역사를 각오한 듯" 울고 운다.

> 예전에는 내가 저 산등 나무 위에서 두세 번 목소리만 내어도 사람들은 걸음을 멈춰 **오늘의 자기 행신行身을 불안해하고, 자기 삶의 모습을 살피기도 하고, 죽음을 떠올려도 보고, 더러는 영원이라는 것도 생각들을 하더니**
>
> 까옥 까옥 까옥 까옥
>
> 요즘 세월은 어찌된 셈판인지 내가 이렇듯 아스팔트 한가운데까지 나와 기를 쓰고 우짖어대도 **오고 가는 차 하나 멎기는커녕 그저 줄달음치는 굳게 닫긴 차창車窓 속에서 저런 쓸모없는 날짐승이 아직도 살아남아 있었구나 하는 눈짓들**이니
>
> ─「까마귀·2」 부분 (강조 ─ 인용자)

반성이 사라진 자리에 남는 것은 오만과 독선과 그로 인한 파멸이다. 성찰적 인간에게서 바로 그 성찰이 실종될 때 삶은 파편화되고 기형화되고 소외되고 만다. 자신이 삶을 속이면, 삶도 자신을 속이는 것이다. 그러므로 까마귀는 울 뿐이다.

    까옥 까옥 까옥 까옥
    - 대뜸입니다만 세상살이가 왜 이다지 뒤틀려 가는 겝니까?
    카옥 카옥
    - 그야 그대, 시인들 탓이지!
    까옥 까옥 까옥
    - 뭐라고요? 우리 시인들 탓이라구요?
    카옥 카옥 카옥 카옥
    - 아무렴 그렇고 말고, 오늘의 시인들의 불명不明이 이 시대를 이처럼 흐리고 하는 거지!
    —「까마귀·5」부분

세상이 뒤틀린 이유는 물론 성찰과 반성이 사라졌기 때문이다. 그런데 '오대산'의 까마귀 중은 그것을 '서울 여의도 아파트 숲'에 사는 까마귀 시인 탓으로 돌린다. 시인들이 불명하기 때문에 이 시대가 흐려졌다고 한다. 속세 풍진에 파묻혀 사는 인간들이 나락으로 추락할 때 시인이라도 앞장서서 성찰을 외치고 반성을 요구했어야 하는데 그렇지 못했다는 질타이다. 그리고 그것을 서울의 까마귀 시인은 솔직히 인정한다. "………?" 그는 아무런 응수를 할 수 없었던 것이다.

    까옥 까옥
    - 그럼요! 대체 그런 시가 어떤 것인가요?

    카옥 카옥 카옥 카옥 카옥 카옥
    - 왜 있지 않아? '색즉시공, 공즉시색色卽是空, 空卽是色'[3] 이라든가,
    '가난한 사람들아 너희는 행복하다. 지금 우는 사람들아 너희는 행
    복하다'[4] 라든가!
              —「까마귀·10」부분

지난 1년 동안 생각을 거듭해도 불명에서 벗어날 방법을 알 수 없었던 서울의 '까마귀 시인'은 명을 찾아 다시 오대산 늙은 '까마귀 중'을 만나러 갔다. 노오승老烏僧의 대답은 간단했다. 색과 부만을 좇지 말라는 것이었다. 색이 공이 되고 공이 색과 다르지 않은 것과 마찬가지로 가난한 사람들과 우는 사람들이 행복해지는 이치를 성찰하고 그렇지 못한 자신을 반성하라는 것이다.

정치권력과 황금만능주의에 대한 경고

「까마귀」 연작에서 가장 많은 비중을 차지하는 주제가 정치권력의 폭주와 황금만능주의에 대한 경고이다. 3편, 6편, 7편, 8편, 11편, 12편, 13편 등 무려 일곱 편에 달한다. 양적으로도 다수를 차지하지만, 시적 상징과 표현의 측면에서도 대단히 날카로운 시편들이다. 가령,

    까옥 까옥
    - 으스스하지?
    까옥 까옥

---

[3] "색이 공과 다르지 않고 공이 색과 다르지 않으며, 색이 곧 공이요 공이 곧 색이다."(色不異空 空不異色 色卽是空 空卽是色, 『반야바라밀다심경』)
[4] 루카 6,20~21

- 한여름인데!

  까옥 까옥 까옥

  - 시청 옥상에 매가 나타났다며?

  까옥 까옥 까옥

  - 마구 비둘기를 채간다나 봐.

  까옥 까옥 까옥 까옥

  - 까치들은 가둬놓고 비둘기들은 채가고

  까옥 까옥 까옥 까옥

  - 이 도성都城! 말씀이 아니군.

  까옥 까옥 까옥 까옥 까옥

  - 런던탑처럼 우리들도 붙잡아다 날개를 자르려 들지나 않을까?

  까옥 까옥

  - 무시무시!

  ―「까마귀·7」 전문

'무시무시'한 폭력을 상징하는 매와 그로 인해 고통받는 비둘기와 까치와 까마귀의 대치선이 선명하다. 그 '폭력'이 정치권력을 표상하는 것은 매가 나타난 곳이 행정기관인 '시청'이기 때문이며, 11세기에 처음 세워진 이래 왕궁·방어용 성채·국사범國事犯의 감옥 및 처형장·무기고이자 왕실 보물 저장고·조폐국 등으로 다양하게 이용되었던 런던탑이라는 절대왕권을 연상시키기 때문이다.

「까마귀·7」의 시구는 비록 정치권력을 명시적으로 지시하지는 않았지만, 동물에 빗댄 우화적 수법으로 인해 더욱 날카로운 시적 효과를 얻고 있다. 지시어와 지시 대상의 간격이 넓어지는 만큼 시적 의미의 공간은 심장해지는 법이다. 「까마귀」 연작이 출판된 1981년은 공교롭게도 신군부의 지도자 전두환이 이른바 체육관 선거를 통해 제12대 대통령으로 취임

한 해이기도 하다.[5]

> 그래, 남산과 북한산에다 새집을 짓고
> 모이그릇과 급수시설을 한다며?
> 그뿐인가 겨울에는 조, 들깨, 번데기 등 먹이를
> 마련해 놓아준다는군.
> 새의 낙원 5개년 계획이라!
> 말만 들어도 황홀하이!
> 하지만 특혜나 공것 너무 좋아 말라구,
> 시청 옥상 철망 속의 까치 신세 모르나?
> 설마 남산, 북한산에다 온통 철망을 씌울라구?
>
> …(중략)…
>
> 남산과 북한산에서 내려온 이중섭李仲燮의 까마귀들이 마주앉아
> 세상살이를 지저귀고 있었다.[6]
> ─「까마귀·12」부분

산업화 시대 국가 주도의 경제개발 5개년 계획에 빗대 '조류 경제 개발 계획'을 드러내면서 먹거리만 아니라 자유의 가치를 강조하고 있다. "말만 들어도 황홀하이!" 하며 반색하는 까마귀와 "특혜나 공것 너무 좋아 말라구" 하며 경계하는 까마귀는 사실 같다. 그들이 '남'산과 '북'한산에서 내려온 까마귀라면 모두 같다. 그들은 '모든' 까마귀인 것이다. 황금에 눈이 멀

---

5 전두환은 1980년 8월부터 88년 2월까지 제11대, 12대 대통령을 역임했으며, 1981년 2월에는 통일주체국민회의 선거인단에 의한 간접선거를 통해 제12대 대통령에 당선되었다.
6 이 작품에는 "이 시는 이중섭의 〈달과 까마귀〉에서 그 배경만을 취했다."라는 각주가 달려 있다. 구상, 앞의 책, 59쪽 각주 참조.

어 철창 안에 갇힌 신세가 된 '까치'가 되어서는 안 되는 것이다.

그러므로 구상은 다음과 같이 말한다.

> 속옷 두 벌의 가진 자는 한 벌을 헐벗은 사람에게 주고
> 먹을 것이 넉넉한 사람은 굶주린 이와 나누어 먹고
> 권세가 있는 사람은 약한 백성을 협박하거나, 속임수를 쓰지 말 것이요,
> 나라의 세금은 헐하고 공정하게 매겨야 하며
> 거둬들임에 있어도 不正이 없어야 하느니라.
>
> 까옥 까옥 까옥 까옥
> ―「까마귀·3」 부분

가톨리시즘의 정수를 체득한 시인답게 구상은 세례자 요한의 "예지와 진노"를 빌어 위와 같은 해법을 제시했다. 어쩌면 대단히 상식적인 요구이지만, 그 상식이 통하지 않는 때를 만나면 세례자 요한마저 진노하게 되는 것이다. 그것은 눈이 멀고 귀가 먹은 짓이며, "마주 보고 달리는 기관차 같"은 죽음을 추구하는 행위이다.

수도자적 정신과 경건한 삶의 회복

그러므로 되찾아야 할 자세는 "요령을 피하고, 정조를 지키며, 진실을 살라!"는 베네딕도의 성인의 주문이다. 더 이상 세속의 영리를 취하기 위해 갖은 요령을 부리고, 권력에 굴종하여 자신을 팔고, 허위와 가식에 내맡겨서는 안 된다. 자기 내면을 향한 준엄한 양심의 고백을 통해 성인의 안내를 따라야 한다. 그럴 때 더는 스비아고 산 속 '베네딕도의 까마귀'가 한밤중에 나타나는 일은 없어질 터이다.

까옥 까옥 까옥 까옥

　　- 정녕, 진실로 고민하는 자는
　　절망하지 않느니.
　　　　―「까마귀·9」부분

　우리는 절망하지 않기 위해 진실로 고민해야 한다. 내가 정녕 요령을 피하고 있는지, 정조를 지키고 있는지, 진실을 살고 있는지. 세속적인 바깥이 아니라 내면을 향해 귀를 기울이고 마음을 다해 경건한 삶을 살고자 노력할 때 우리는 '까마귀'의 경고를 듣지 않게 되리라. 「까마귀」 연작은 무너져 가는 세상을 바라보면서도 아무것도 할 수 없는 현실을 인식한 시인 구상의 '명명明'을 향한 간절한 염원이 담긴 작품이라고 할 수 있다.

하나의 '고원', 무한의 '지층'
- 연작시 「그리스도 폴의 江」에 대하여

모두 65편으로 이루어진 구상의 연작 시집 『그리스도 폴의 江』(홍성사)은 그의 탄생 90주년과 더불어 '구상문학상' 제정을 기념해 2009년 발간되었다.[1] 그에 앞선 1985년에는 「밭 일기」 60편과 함께 「그리스도 폴의 강」 60편을 수록한 『구상연작시집』(시문학사)이 간행되었고, 그보다 10년 앞선 1975년에 출판된 『구상문학선』(성바오로출판사)에도 「강」이란 제목으로 10편이 수록되었다. 또 동명의 산문집이 '신앙 에세이'라는 부제로 발간되었다는 점에서 구상에게 있어 '강'은 최소한 30여 년 이상 역점을 두고 천착해 나간 시적 테마라고 할 수 있다.

「그리스도 폴의 江」은 작품 창작의 기간에서만 역점적인 게 아니다. 한국 현대 시사에서 연작시 형식을 개척한 시인으로 평가받는 구상의 시적 노정 가운데에서도 가장 돋보이는 전면全面이며, 가장 높은 절정이며, 가장 깊은 내면의 반영이다. 시간적 영원성과 공간적 일의성의 합일이라는 시적 사유는 하나의 고원(plateau)을 형성하고 있으며, 서정과 서사의 통합과 분기라는 시적 형식은 무한의 지층(strate)을 구축하고 있다. 65편에 이르는 연작시의 분량 또한 노작勞作의 어의에 부합하는 것은 물론이다.

---

[1] 본 작품론은 연작시 65편을 모두 수록한 홍성사 판 『그리스도 폴의 江』을 정본으로 한다.

시간적 영원성은 연속을 사유하는 일이다. 과거와 현재와 미래를 분절하지 않고, 연속된 흐름으로 사유하는 것이다. 이것은 모든 시제를 '현재'로 만드는 일이기도 하다. 상식에 반하는 듯한 이러한 시간관은 멀리 스토아주의로부터 둔스 스코투스와 스피노자와 라이프니츠를 거쳐 베르그송과 화이트헤드, 들뢰즈 등에 이르는 유구한 연속의 철학사에 연면히 이어져 오고 있다. 단절되지 않는 연속은 모든 부정을 넘어 긍정의 세계에 도달하는 길이다. 연속은 부정의 부정이라는 변증법이 아니며, 차라리 우후죽순에 가까운 우발적인 생성의 연속이다.

연속의 공간화를 주름과 펼침이라고 한다거나, 바로크식 종이접기라고 한다거나 상호 전제하는 텍스트라고 할 수도 있다. 하나와 하나들, 여럿과 여럿들, 무한을 향해 나아가는 급수라고 한다거나 아담이 죄지은 세계와 죄를 짓지 않은 세계의 공존이라고 할 수도 있다. 공간적 연속은 공존 가능한 모든 생성을 긍정하면서, 그것들이 초끈 운동처럼 내지르는 불협화음의 화음(chaosmos)을 세계의 실체로 인정한다. 공간적 일의성은 세상의 모든 대립에 대립하는 완벽한 대긍정의 사유이다.

또한 「그리스도 폴의 江」은 서정과 서사의 경계를 뛰어넘는 분방한 시형詩形을 자유롭게 구사하면서 내용과 표현의 이중 분절을 실재화하고 있다. 내용의 형식과 내용의 실체가 있는 것처럼 표현의 형식과 표현의 실체가 있다. 서정시의 내용은 형식과 실체를 가지며, 서사적 표현도 형식과 실체를 갖는다. 구상에게 서정과 서사는 대립되는 두 개의 차원이 아니며, 어느 하나로 수렴되지 않는 내용과 표현의 이중적 자유를 구가한다.

내용과 표현의 일차원적 대립을 무너뜨리면서 들뢰즈는 '내용'이라고 불리는 것은 형식을 부여받은 질료이며, 따라서 '실체'와 '형식'이라는 두 가지 관점에서 그것을 고려해야 한다고 말했다. 어떤 소재가 내용으로 선택되는가 하는 점은 '실체'의 관점에서, 그것이 어떤 특정한 질서를 가지면서 배치되는가 하는 차원은 '형식'의 관점에서 고려되어야 한다는 주장이다. 또 '표현'이라 불리는 것은 내용과의 관계 속에서 함수적 구조일 것이며, 그 구조가 갖는 고유한 조직화라는 관점에서는 '형식'을, 그에 따라 매우 우발적인 다양한 표현태가 나타나는 한에서는 '실체'라는 관점'에서 이해되어야 한다.

내용과 표현을 이중 분절의 지층으로 이해한 들뢰즈의 사유와 서정·서사를 넘나드는 구상의 시적 자유는 구별되지 않는 하나의 차원에 속한다. '하나의 차원'은 대립이 사라진 차원이며, 차이와 반복의 무한한 변주가 이루어지는 강렬함들의 연속체이다. 이것은 자기 자신 위에서 진동하고, 정점이나 외부 목적을 향하지 않으면서 자기 자신을 전개하는, 강렬함들이 연속되는 지역이다. "강렬함이 연속되는 일종의 고원이 오르가슴을 대체한다."[2] 또한 그것은 가장 첨예한 대립인 전쟁을 대체한다.

> 어제까지 너희의 목숨을 겨눠
> 방아쇠를 당기던 우리의 그 손으로
> 썩어 문드러진 살덩이와 뼈를 추려
> 그래도 양지 바른 두메를 골라
> 고이 파묻어 떼마저 입혔거니
> 죽음은 이렇듯 미움보다도 사랑보다도
> 더욱 신비스러운 것이로다.
> ―「초토의 시 11 - 적군 묘지 앞에서」 부분

> 아직도 얼음은 둘로 갈린 허리 응달에서
> 포문砲門, 총구銃口, 칼날처럼 줄줄이 번득이고
> 강 한복판 모래무덤들은 태극기를 만들기도 하고
> 제주도나 울릉도나 남해군도南海群島를 이루기도 하고
> 양측 기슭으론 진남포, 신의주

---

2 Gregory Bateson, *Steps to an Ecology of Mind*, New York : Ballantine Books, 1972, p. 113.

원산, 서호진西湖津, 청진항淸津港을 이루고 있다.
―「그리스도 폴의 江 - 32」부분

1956년 간행된 『초토의 시』 연작은 한국전쟁과 전후의 피폐한 사회상을 가감 없이 표현했는가 하면, 이념 대립과 패권적 국제질서의 희생물인 동족상잔에도 불구하고 비대립적 존재론에 입각한 대긍정의 시적 사유를 보여준 바 있다. 연작시 「그리스도 폴의 江」 역시 대립의 참상을 기억하고 있는 시인의 고통스러운 내면을 겨울과 얼음에 비유하면서 그것을 해체하려는 강한 의지를 드러내고 있다. 두 작품은 30여 년의 시차를 두고 창작되었으면서도 대립에 반대하는 일관된 긍정의 사유가 번득인다.

「그리스도 폴의 江」은 특히 시간적 영원성과 공간적 일의성을 서정과 서사의 자유로운 배치를 통해 드러내고 있는 역점적 시편들이다. 구상은 강을 통해 영원을 사유하고, 강물을 통해 일의성을 실체화했다. 그리고 거기에서 자신의 사유를 종합할 가능성을 보았다. 그가 자신의 서실 '관수재觀水齋'에 '관수세심觀水洗心'이라는 편액[3]을 걸어두고 날마다 강을 찾은 이유이기도 하다.

그저 물이었다.
많은 물이었다.
많은 물이 하염없이
흘러가고 있었다.

흘러가면서 항상 제자리에 있었다.
제자리에 있으면서

---

[3] "나의 서실書室 '관수재觀水齋'에는 / '관수세심觀水洗心'이라는 / 여초如初 거사居士의 편액이 걸려 있다." ―「그리스도 폴의 江 - 19」부분

순간마다 새로웠다.

새로우면서 과거와
이어져 있었다.
과거와 이어져 있으면서
미래와 이어져 있었다.

과거와 미래가 이어져서
오직 현재 하나였다.
오직 하나인 현재가
여러 자기 얼굴을 하였다.

여러 가지 얼굴을 하고서
여러 가지 소리를 내었다.
여러 가지 소리를 내면서
모든 것에 무심하였다.

무심하면서 괴로워하고
괴로워하면서 무심하고
무심하게 죽어가고
죽어가면서 되살아왔다.
　　―「그리스도 폴의 江 - 11」전문

　65편에 달하는 연작시 각각을 시행의 차원으로 분석하는 것은 그다지 유익한 일이 아니겠지만, 여기 열한 번째 시편을 세밀하게 들여다봄으로써 구상이 일관되게 추구한 시적 사유를 개관해 보는 것은 유의미한 일로 여겨진다. 작품은 모두 6연 23행이다. 각 시행은 음보율에서 오는 가락과 대구법에서 오는 의미상의 리듬감을 띠면서 매우 음악적인 효과를 살려내고 있다. 길지도 짧지도 않은 시행들의 규칙성은 내용과 표현의 이중 분절을 드러내며 불협화음과 화음의 복합적 변주를 이룩하고 있다.

먼저 제1연은 '그저'와 '많은'의 대구가 "물이었다"와 호응하면서, 또 '하염없이'와 연결되면서 풍성한 물줄기가 유장하게 '흘러가는' 강의 외연을 입체적으로 보여주고 있다. 제2연은 '흘러감'과 '제자리에 있음'이라는 모순된 사태를 한 몸으로 구현하고 있는 강의 속성을 표현하고 있다. 흘러가면서도 제자리에 있기 위해서는 순간마다 새로워야 하는 물리적 법칙도 빠뜨리지 않고 있다. 구상은 이러한 강의 속성을 통해 공간적 일의성을 실감 나게 구현해 냈다.

제3연과 4연에서는 도약이 일어난다. 공간의 시간화, 혹은 연속의 전개를 통해 모든 시제를 현재화하고 있다. '순간마다' 새로워진 강은 과거와 이어지고 동시에 미래로 이어진다. 이렇게 "과거와 미래가 이어져서 / 오직 현재 하나"만 실재화된다. 이것이 영원성의 진정한 의미이다. 영원에는 과거와 미래가 따로 없다. 영원은 오직 현재만 있을 뿐이다.

제5연과 6연은 공간적 일의성과 시간적 연속성이 합일에 이른다. 공간적으로 '여러 가지 얼굴'은 시간적으로 오직 현재를 살며, "여러 가지 소리를 내면서 / 모든 것에 무심"하다. 동시에 "무심하면서 괴로워하고 / 괴로워하면서 무심"하다. 그리고 "무심하게 죽어가고 / 죽어가면서 되살아" 온다. 이것은 니체적 영원회귀이다. 삶과 죽음의 경계를 넘지 못하고서는 영원히 회귀할 수 없으며, 영원히 회귀하는 것은 죽어서도 반드시 되살아온다.

삶이 죽음으로 나아가고, 죽음이 또한 삶을 낳는다고 생각해 보자. 아버지가 간 길을 어머니가 따라가고, 어머니가 걸어간 길을 아들과 딸이 뒤따른다고 하자. 마찬가지로 아들이 딸을 낳고, 딸이 아들을 본다고 하자. 이것은 끝없는 사람의 길, 삶도 죽음도 영원히 회귀한다. 그러므로 삶을 고통으로 여기는 만큼 죽음을 기뻐해야 하며, 죽음을 슬퍼하는 만큼 삶을 기뿜으로 느껴야 한다는 당위가 성립한다.

　이것이 긍정이다. 무한한 긍정이자 대긍정이다. 삶도 긍정이고 죽음도 긍정이듯 모든 '일어나는 일(혹은 생성)'은 긍정이다. 대립을 무너뜨리고 모든 생성을 긍정하는 강렬함의 연속이 보인다. 사람이 생성이고, 소와 말과 돼지와 양이 생성이고, 바퀴벌레와 파리와 모기가 생성이고, 바람과 물과 바위와 산이 생성이고, 행성과 항성과 은하수가 또한 생성이다. 그러므로 생성의 윤리학은 다시 인간으로 돌아온다. 그것은 대립을 해체하는 긍정, 부정적인 것들을 모두 부정하는 긍정이다.

　영원회귀는 철학사를 관류하는 연속성의 사유가 한 정점에 도달했음을 시사하며, 구상은 바로 그곳 가장 가까이에 서 있었다. 「그리스도 폴의 江 - 11」이 보여주는 시적 성취는 모든 생성을 긍정하는 영원회귀의 시적 현현에 있다. 이 밖에도 제16편에는 "강은 / 과거에 이어져 있으면서 / 과거에 사로잡히지 않는다 // 강은 오늘을 살면서 / 미래를 산다"는 표현이 보이고, 제62편에는 "과거와 현재와 미래가 / 한데 이어져서 흐른다"는 시구가 보인다는 점에서 구상은 확실히 연속성의 시적 실천가였다고 하겠다.

　　도쿄 아세아시인회의 첫날을 마친 후 나는 동년배의 일본 시인 몇 명과 회의장 근처 목로주점에서 어울리게 되었다
　　좌흥座興이 무르익어가자 옆자리의 술이 거나해진 초로初老의 시인 한 분이,
　　- 한강이 그립습니다. 그 푸르게 넘쳐흐르던 한강이 미치게 그립습니다. 나의 소년시절의 요람인 한강. 그 양양洋洋한(그는 이렇게 표현했다) 흐름이 그립습니다.
　　음성을 떨면서 말했다. 나는 무망중,
　　- 서울엘 한번 오시죠, 와서 보시죠, 그 한강을!
　　대답을 하면서도 그가 그리는 그 '양양한 흐름'을 어찌 보여주나 하는 걱정이 앞섰다.

- 아니요, 제가 그 한강을 다시 보러 간다는 것은 한국인 여러분께 죄스러운 일이지요, 몰염치한 짓이지요, 제가 태어나서 자란 서울을 고향이라고 불러선 안 되듯이 말입니다.

그는 사뭇 괴로운 표정을 지었다. 나는 이 '시인의 예민한 양심'에 대꾸할 바를 모르고 있는데 이때 이 좌석을 마련한 건너편의 교포 시인이 말을 받았다.

- 자네, 또 한강타령이군, 시나 강이 언제 국적을 묻는다던가? 인종을 따진다던가? 사랑하는 사람만이 그것의 임자지, 눈물이 있는 사람을 위하여 시는 씌어지고 강은 흐르는 게야, 어서 가서 그 품에 안기게나. 사장沙場에 누워서 눈물어린 눈으로 한강의 그 진홍색 저녁 노을을 바라보게나!

- 고마워, 그러나 내가 가선 안 돼! 이 '왜놈'이 또다시 그 강을 더럽혀선 안 돼!

이때 그는 마치 한강의 그 흐름을 바라보듯, 그 저녁노을을 바라보듯 먼 곳을 응시하며 말했다.

집이 여의도인 나는 오늘도 윤중제를 거닐면서 여기저기 둑을 쌓아 물을 댄 논처럼 갈려 있고 여위고 상하여 군데군데 창자를 드러낸 한강을 바라보며 그 일본 시인이 '양양한 흐름'의 추억을 보전하기 위하여 영영 서울에 오지 말았으면 하는 생각과 새봄엔 나라도 초청해서 그에게 고향을 다시 찾게 해 주어야겠다는 엇갈리는 심정 속에 있다.

—「그리스도 폴의 江 - 47」 전문

대립의 기억을 가슴 깊이 품고 있는 한 양심적 시인의 일화가 소개된 제47편은 언뜻 보기에 산문으로 보인다. 시간을 따라 사건이 전개되는 완벽한 서사이다. 제시된 사건에 신뢰성을 부여하는 "(그는 이렇게 표현했다)"

는 지문까지 가세해⁴ 서정시가 대세를 이룬 「그리스도 폴의 江」의 이례적인 양상으로 비치기도 한다.

그러나 (1)소년 시절의 요람인 한강을 그리워하면서도 찾을 수 없고, 태어나고 자란 서울을 고향이라고 부를 수 없는 한 일본 시인의 '양심'과 (2)"시나 강이 언제 국적을 묻는다던가?" "사랑하는 사람만이 그것의 임자지" 하며 어서 가서 그 품에 안기라는 교포 시인의 '격려'와 (3)'양양한 흐름'을 더는 보여줄 수 없는 한강 곁에 사는 시적 화자가 그 일본 시인을 초청하려는 마음과 서울에 영영 오지 말았으면 하는 생각으로 내면적 '갈등'에 휩싸인 현실은 서사를 넘어 서정의 경계 속으로 진입한다.

외적으로 드러난 사건과 내적으로 엇갈린 세 사람의 마음의 층위가 서로 조응하면서 이 작품은 여느 기운 빠진 서정시가 흔히 보여주는 긴장 없이 물컹한 감성을 뛰어넘는 박진감 넘치는 시편으로 태어났다.

이것은 갯목에서 벌어진 굿에서 무당이 물에 빠져 죽은 사람의 혼백으로 삼았던 닭 한 마리를 나눠 먹은 시몬이라는 소신학생小神學生의 허무한 죽음을 다룬 제40편이라든가, 공초 오상순이 세상을 떠날 무렵 "자유가 나를 구속했었구나"라는 엄청난 말씀을 남겼다고 고백하는 제42편은 물론 그리스도 폴 성인이 예수님처럼 홀연 물 위를 더벅더벅 걸어와 "요한 형제!⁵ 이 도둑놈, 사기꾼아! …(중략)… 다시 시작해라, 강과 더불어 쉼 없이!"라며 타박하는 이야기를 담은 제59편 등에서 보이는바 서사와 서정의 경계를 뛰어넘는 분방한 시적 경영이라고 할 수 있다.

그리스도 폴!
나도 당신처럼 강을

---

4 필자는 이 지점을 구상 시의 '무기교의 기교'가 드러난 부분으로 보고 있다. 사실 보고에 가까운 이 표현이 들어감으로써 시편 전체가 입체적 임장감을 띠게 된다.
5 구상 시인의 세례명은 '세례자 요한'이다.

회심回心의 일터로 삼습니다

…(중략)…

당신의 그 단순하고 소박한
수행修行을 흉내라도 내 가노라면
당신이 그 어느 날 지친 끝에
고대하던 사랑의 화신을 만나듯
나의 시도 구원의 빛을 보리라는
그런 바람과 믿음 속에서
당신을 따라 강에 나아갑니다.
─「그리스도 폴의 江 - 프롤로그」부분

가톨릭교회의 성인 그리스도 폴의 그리스어 이름은 Χριστοφορος(크리스토포로스)이며, 이는 구세주를 뜻하는 Χριστος(그리스도)와 '데려가다, 운반하다'라는 뜻의 φερω(페로)가 합성된 말이다. 그는 기골이 장대하고 힘센 청년으로 자라나 세상에서 가장 힘이 세고 용감한 사람을 주인으로 섬기겠다고 결심했다. 어느 날 그가 한 아이를 어깨에 메고 강을 건너려는데 그 아이의 무게가 점점 무거워지더니 결국 온 세상을 어깨에 짊어진 것처럼 무겁게 느껴져 강을 건널 수 없었다고 한다.[6]

그 아이는 그리스도 폴에게 "너는 지금 전 세계를 옮기고 있다. 나는 네가 찾던 세상의 창조주이며 구세주인 예수 그리스도이다"라고 말하며 강을 건널 때 사용하던 막대기를 땅에 꽂아 보라고 했다. 그랬더니 그것은 커다란 종려나무로 자라 많은 열매를 맺었다고 한다. 그는 여행자와 운전

---

[6] 그리스도 폴은 장대한 자신의 신체적 장점을 살려 물살이 사나운 강을 사람들이 무사히 건널 수 있도록 도와주는 일을 하며 생계를 이어갔다고 전해진다.

자의 수호성인으로 동서방 교회를 막론하고 대중적으로 많은 사랑을 받는 성인 가운데 한 명이다.

구상이 많은 성인들 가운데 그리스도 폴을 사부로 삼은 것7은 물론 '강' 때문이다. 성인이 강을 건너는 사람을 도우며 생계를 이었듯이, 시인은 강을 회심의 일터로 삼기로 결심하였다. 성인은 "어느 날 지친 끝에" 사랑의 화신을 만났으며, 시인은 30여 년이 넘는 시간을 관수세심하는 성찰과 반성과 고백 끝에 영원성과 일의성을 통섭하고 서정과 서사의 경계를 무너뜨렸다. 구상은 연작시「그리스도 폴의 江」을 통해 여럿과 구별되지 않는 하나의 '고원'을 세웠고, 하나와 다르지 않은 무한의 '지층'을 다졌다.

---

7 "나의 사부師父, 그리스도 폴 성인聖人"「그리스도 폴의 江 - 59」

오직 보이지 않는 손이 이끌고 있음을
- 연작시 「모과 옹두리에도 사연이」에 대하여

    진리를 무너뜨려야 한다. 진리가 만들어놓은 세계를 뒤흔들어야 한다. 뒤죽박죽 섞고 비틀고 깨뜨려서 진리가 사라진 진짜 세계를 마주해야 한다. 진리가 제거되지 않고는 살육을 멈출 수 없다. 진리가 지시하는 본질적인 참됨을 거부하고, 그것이 고수하는 절대적 이상을 배격해야 한다. 모든 가능성을 차단하는 진리, 모든 긍정을 부정하는 진리를 기어이 넘어서야 한다.

    진리를 고집하는 이념의 제왕을 지워야 한다. 그/그녀는 윤리적이고 도덕적이지만, 동시에 전제적이고 폭력적이다. 옳음을 향한 그/그녀의 순정한 열망은 세계를 나누고 부수고 공격한다. 하나의 진리가 무한의 진리를 파괴하는 용납할 수 없는 죄악을 인류사는 낱낱이 기록해 놓았다. 그러므로 참다운 시인이라면 진리와 싸우고, "진리 개념을 비극화해야 한다."[1]

    그것이 '지금-여기'를 있는 그대로 받아들이는 현실주의자의 행동이다. 세계의 바깥에 다른 세계를 세워 그곳이 우리가 가야 할 곳이며, 우리의 미래라고 말하는 진리의 수호자들과 달리 시인은 세계 안에서 시시각각 운

---

1 질 들뢰즈, 이경신 옮김, 『니체와 철학』, 민음사, 2016(2판 12쇄), 175쪽.

동하는 그것의 실체를 있는 그대로 인정하는 사람이다. 그는 세계를 둘로 나누지 않고 무한으로 나눈다. 차이를 보되 차별하지 않는다. 이것이 시인의 윤리의식이다.

진리와 비진리의 경계를 무너뜨리고 옳음과 그름의 장벽을 부순 자리에 구상의 시가 있다. "당신의 참모습은 과연 어떤 것인가?" 그가 한 생을 걸고 내던진 절박한 질문의 답은 아래와 같다.

> 당신은 사상가가 아니었다.
> 당신은 도덕가가 아니었다.
> 당신은 현세의 경륜가가 아니었다.
> 아니, 당신은 종교의 창시자도 아니었다.
>
> 그래서 당신은 어떤 지식을 가르치지 않았다.
> 당신은 어떤 규범을 가르치지 않았다.
> 당신은 어떤 사회혁신운동을 일으키지 않았다.
> 또한 당신은 어떤 해탈을 가르치지 않았다.
> ―「나자렛 예수」 부분

신은 죽었다. 규범이 되는 신, 법칙을 제시하는 신, 명령하는 신은 죽었다. "예수는 자유로운 정신의 소유자라서 고정된 모든 것을 인정하지 않았다."고 니체는 말한다. "예수는 문화라는 것을 알지 못하므로 문화와 싸우는 일도 없으며, 부정하지도 않는다. 국가, 사회, 노동, 전쟁 등에 대해서도 마찬가지다."[2] 예수에게 진리는 없다. 그는 진정한 자유인, 영원한 '사람의 아들'이다.

예수는 규범을 제시하지 않았으며, 법칙에 따라 살지 않았다. 그는 명

---

2 프리드리히 니체, 곽복록 옮김, 『비극의 탄생 / 즐거운 지식』, 동서문화사, 2016(1판 1쇄), 489쪽.

령하기는커녕 끊임없이 '아버지'에게 질문하며 그분의 뜻을 따랐다. 니체는 다시 말한다.

> 예수의 가르침은 이렇다.
> 자신에게 악의를 품고 있는 사람에 대해서는 말로도 마음으로도 맞서지 않는다.
> 유대인과 비유대인을 구별하지 않는다.
> 누구에게도 화내지 않으며, 누구도 경멸하지 않는다.
> 법정에 나서지 않고, 나서라고 요구하지도 않는다.
> 어떤 경우라도, 아내의 부정이 밝혀진 경우라도 이혼하지 않는다.
> 예수는 이런 가르침을 실행에 옮기려고 했다.[3]

신은 대립을 모른다. 부정을 모른다. 아니, 신에게는 그런 것들이 아예 없다. 세계 자체가 없다. 우리가 애써 구성하는 세계, 절실하게 상상하는 세계는 신에게 없다. 그러므로 신은 '신비' 그 자체다. 1천 년 스콜라철학의 역사를 통해 수없이 명멸한 인간적·이성적 노력에도 불구하고 신비에 대한 정확한 풀이는 '알 수 없음'일 뿐이다.

그러나 니체는 신비를 보지 못했다. 니체는 그가 그토록 맹렬히 비판한 칸트적 이성의 눈으로 보았으므로 진리의 폭력성은 인식할 수 있었지만, 신비의 힘은 깨달을 수 없었다. 그는 가톨릭교회의 역사를 예수의 실체를 상징화하고 왜곡해 온 역사로 보았다.[4] 그는 동정녀의 몸에서 태어난 예수, 부활한 예수를 믿으려 하지 않았다.[5] 니체에게 예수는 본질주의

---

3 프리드리히 니체, 앞의 책, 490쪽.
4 프리드리히 니체, 앞의 책, 492쪽.
5 "교회는 그리스도교를 널리 퍼뜨리기 위해 고대 그리스의 에로틱한 이야기를 끌어들이더니 마침내는 '성모 마리아는 처녀의 몸으로 임신했다.' 말하기 시작했다. 어떻게 그런 일이 일어날 수 있단 말인가. …(중략)… 예수가 죽은 것은 '인간을 구원'하기 위해서가 아니라, '어떻게 살아야 하는가'를 보여주기 위해서였다." 프

철학의 이원론적 체계를 넘어서기 위한 분석의 대상이었지, 믿음의 대상이 아니었다.

생명체로서 인간은 장구한 시간 동안 기원(최초의 생명)을 찾으려 노력해 왔다. 그러나 실패하고 말았다. 앞으로도 성공할 가능성은 거의 없다. 물리적 증거는 끊임없이 사라졌고, 사라질 것이기 때문이다. 칸트적 인식론이 근본적으로 인과율에 의거해 이성을 비판한 체계라는 점에서 니체 역시 그에 의지했기에 신비를 받아들일 수 없었다. 그가 발견한 것은 인간의 참담한 실패였지, 참다운 신비가 아니었다. 그가 말한 권력의지나 힘도 결국 인간적인 차원에 머문 것이었다.

'알 수 없음'은 오류도 아니고 부끄러움도 아니다. 신비를 신비로 받아들이는 것은 솔직하고 정당한 인간적 고백이다. 그런 점에서 구상의 연작시 「모과 옹두리에도 사연이」를 분석한 페기 로젠탈의 현재적 시각은 돋보인다. 로젠탈은 프랑스 시인 샤를 페기(Charles Péguy, 1873-1914)와 비교하면서 "구상의 시 안에서 들리는 서사적 목소리는 그 자신의 페르소나이며, 대체로 자전적인 것"이라며 "특정한 순간들에 발현되는 구상의 예수를 접하게 된다."[6]고 했다.

> 고삐 퓐
> 거품 뿜고
> 침 흘리는 소.
>
> 네 살, 나에게 비로소 있음이
> 예루살렘 여인네가 내민 수건에

리드리히 니체, 앞의 책, 491쪽.

6 Peggy Rosenthal, *THE POETS´ JESUS - Representations at the End of a Millennium*, Oxford University Press, 2000, p.157.

피땀으로 인印쳐진 사형수死刑囚의

바로 그런 소 얼굴.

묵화墨畵의 산에 미끄럼대로 걸린

진노을 황톳길

앞 달구지에 얹혀

밧줄로 묶인 이조李朝 장롱을 싣고

뒤따르던 그 소 얼굴에서

나의 새 순은 움트며 흐느꼈다.

— 「모과 옹두리에도 사연이 1」 전문

    연작시의 첫 작품에서 예수를 소로 본 이미지에 주목한 로젠탈은 구상의 "절제하는 동양적 미묘함"에 견주어 "교회의 독트린 전체를 아우르고자 하는 확장적 시도"[7]를 보여준 샤를 페기와 대조적인 특질을 읽어냈다. 두 시인 모두에게 예수는 신비로서 현존하지만, 페기의 시 세계가 "교회의 가르침 안에서 생기를 갖는 신학적 미덕"이라면, 구상의 그것은 "신비에 대한 개인적 깨달음"[8]이라는 분석이다. 구상은 삶의 고비마다 신비를 경험했으며, 예수를 만났다.

    특히 로젠탈은 구상의 '소'를 불교와 연관 지었다. "구상 시의 특색은 불교적 자비와 세상의 덧없음에 대한 인식"이며, 이로 인해 구상이 "한국 문단의 리더가 될 수 있었을 거라는 게 쉽게 이해된다."[9]고 덧붙였다. 이는 「그리스도 폴의 江」에서 불교적 상상력을 읽어낸 정효구의 관점에 견주어 주목되는 바이다. 정효구는 「그리스도 폴의 江」에서 불교적 인간관과 현

---

7 Peggy Rosenthal, 앞의 책, 158쪽.
8 Peggy Rosenthal, 앞의 책, 159쪽.
9 Peggy Rosenthal, 앞의 책, 156쪽.

실관을 보았다.

그에 따르면 불교적 인간관이란 "인간이 그 자체로 불성, 곧 '신성한 실재'를 지닌 존재라는 인식과 더불어, 그런 인간들이 회심과 수행을 통하여 진리 혹은 신성한 그 자체가 될 수 있다는 믿음"이다. 또 불교적 현실관이란 "깨닫지 못한 인간들이 사는 이 세상은 예토이지만 그 인간들이 눈을 뜨고 정진을 한다면 지금/이곳에서 정토의 구현이 가능하다는 생각"[10]이다.

로젠탈은 구상의 시 곳곳에 등장하는 불교적 모티브나 이미지, 불교적 용어와 상징, 성철이나 중광 등과 같은 승려들을 통한 메시지를 예민하게 주시함으로써 샤를 페기와 다른 구상의 동양적 바탕을 이해했다. 불교적 인간이 '신성한 실재'이고 그가 정진하여 정토를 구현할 수 있다면, 그리스도교적 인간은 탄생-죽음-부활의 신비를 통해 구원을 약속한 예수의 가르침을 따라 회개하고 기도하는 삶을 살면 된다. 로젠탈이 보기에 구상은 불교적·동양적 바탕 위에 그리스도교의 신비를 자기화한 시인이다.

「모과 옹두리에도 사연이」는 2002년 노경에 쓴 10편을 포함하여 모두 100편에 이르는 방대한 연작시이다. 1970년 『현대시학』 11월호에 첫 편을 발표한 이래 1983년 3월호까지 연재 기간만 해도 12년 5개월이 걸린 여정이었다. 로젠탈의 언급과 같이 「모과 옹두리에도 사연이」는 상당수 시편에 시인 자신의 연대기적 정보를 각주로 단 자전적 작품이다.[11] 아버지를 따라 서울에서 원산으로 이사를 떠나던 4살 때부터 79세의 일기로 마감된다.

구상은 유아세례를 받은 가톨릭 신자[12]로서 자신의 평생을 시화함으

---

10 정효구, 「具常의 『그리스도 폴의 江』과 불교적 상상력」, 『한국문학논총』 제74집, 2016, 132쪽.
11 가령 첫 작품의 각주는 다음과 같다. "나는 네 살 때 북한 원산지구의 선교를 맡게 된 독일계 가톨릭 성 베네딕도 수도원의 교육 사업을 위촉받은 아버지를 따라 그 교외인 덕원이란 곳으로 가서 자란다. 이것이 바로 그 이사 때의 기억."
12 유아세례와 관련하여 「나자렛 예수」에 다음과 같은 표현이 보인다.
"내가 탯줄에서 떨어지자 맺어져 / 나의 삶의 바탕이 되고, 길이 되고, / 때로는 멀리하고 싶고 귀찮게 여겨지고, / 때로는 좌절과 절망까지 안겨 주고, / 때로는 너무나 익숙하면서도 / 생판 낯설어 보이는 당신, / 당신의 참모습은 과연 어떤 것인가?" — 「나자렛 예수」 부분(8연)

써 신비로서의 삶을 가감 없이 돌이켜 보고자 했다. 그는 일제 강점기에 태어나 8·15 광복과 6·25 동란, 4·19혁명과 5·16 군사정변을 거쳐 70년대 산업화와 80~90년대 민주화운동 시기, 월드컵으로 대표되는 2000년대 초 문화 융성기의 한국에서 살다 갔다. 그 점에서 소를 예수로 인식한 첫 작품부터 시사적이다. 그것은 물론 부침과 신산고초의 시간이자 쓰라린 사건의 연속이었지만, 구세주 예수를 준거점으로 하여 자신을 반성하고 성찰함으로써 삶의 신비를 드러내는 과정이었다.

그런 점에서 구상은 페기보다 영국의 제라드 맨리 홉킨스(Gerard Manley Hopkins, 1844-1889)와 친연성이 있다고 분석한 로젠탈의 시각은 수긍할 만하다. 로젠탈은 "홉킨스에게 그리스도는 생생하게 살아 있는 현존"이었다며 "언제나 가장 비싼 값의 지극한 사랑(dearest)으로 인간을 되사들이는 사랑의 화신으로서의 '예수'보다는 구원자로서의 '그리스도'였다"[13]고 했다. 구상 역시 강과 밭과 나무와 같은 자연 속에 예수의 영원한 현존과 구원의 약속이 있음을 시로 표현해 왔음은 주지의 사실이다.

> 목숨을 부지하려는 일념과
> 펜을 잡는다는 매혹에
> 식민지 어용신문의 기자가 되어
> 용왕 앞의 토끼처럼 쓸개는 떼어놓고
> 날마다 성전송과 공출독려문을 써댔다.
>
> 부역과 친일이 또 따로 없으련만
> 이율배반의 그 탈을 이제껏 못 벗어
> 그날의 나를 울지 못한다.
> ―「모과 옹두리에도 사연이 13」 부분

---

13 Peggy Rosenthal, 앞의 책, 160쪽.

그것은 가려움이었다.
온 몸에 옴이 오른 것 같은
정신의 미칠 듯한
가려움이었다.

나는 이 소양증搔癢症을
잠시라도 잊으려고
음란에 빠져들었다.
범접犯接하고 난 후의
그 허망감!
바로 그것만이 약이었다.
— 「모과 옹두리에도 사연이 58」 부분

  두 편 모두 강렬한 자기반성의 결과물이다. 일제 총독부의 기관지 〈북선매일신문〉 기자가 되어 '성전송'과 '공출독려문'을 써댄 자신을 날카롭게 고발하는가 하면, 미칠 듯한 정신의 가려움 끝에 음란에 빠져들어 범접한 사실까지 드러냈다. "그날의 나를 울지 못한다"는 통절한 반성과 "그 허망감! / 바로 그것만이 약이었다."는 뼈저린 고백은 그에게 절대적 사랑의 준거로서 예수가 엄존했기에 가능한 일이었다.
  구상은 수치심을 인간 본연의 자질이자 구원의 가능성으로 보았다. 그에게 수치심은 "인간 최초의 것이요, 본연의 것이요, 인간 구제救濟의 가능성이요, 모든 규범의 시원"[14]이었다. 구상은 심지어 「모과 옹두리에도 사연이 49」에서 "수치심이야말로 인간의 최초의 것이요, / 인간 구제의 가능성이라는 것을 왜 깨닫지 못한단 말인가? / 친구여, 서양 친구여!"라며 탄식하기까지 했다. 이런 견결한 자의식이 있었기에 위와 같은 반성과 고백

---

14 구상, 『시와 삶의 노트』(구상문학총서 제6권), 홍성사, 2007, 49쪽.

이 가능했다.

동란이 멈칫한 어느 전선 전초기지의 참호 안, 임무를 교대한 우리 사병들과 흑인 병사 서너 명이 막걸리판을 벌이고 있다.

…(중략)…

동이 트는 고지에
혼백처럼 태극기가 휘날린다.
적, 아군의 시체가 즐비하다.
흑인 병정 시체의 목에서 빠져 나온
군번패軍番牌가 아침 햇살에 유난히 번뜩인다.
　　　—「모과 옹두리에도 사연이 39」부분

내가 만일 조국을 팔았다면
그 앞잡이가 되었다면
또 그 손에 놀아났다면
재판장님!
징역이 아니라
사형死刑을 내려 주십시오.

…(중략)…

재판장님!
무죄가 아니면
진정, 사형을 내려 주십시오.
　　　—「모과 옹두리에도 사연이 47」부분

국민으로서는 열여덟 해나 받든 지도자요
개인으로다 서른 해나 된 오랜 친구,
하느님! 하찮은 저의 축원이오나
인류의 속죄양贖罪羊, 예수의 이름으로 비오니
그의 영혼이 당신 안에 고이 쉬게 하소서.
—「모과 옹두리에도 사연이 87」부분

'39'는 6·25 동란 때 겪은 전투 장면을 다루고 있다. "너나 나나 나라가 다르고, 민족이 다르고, 고향이 다르고, 부모가 다르고, 피부가 다르고, 또 모든 게 다 다른데 오직 같은 게 있으니 그것은 너나 나나 졸병이라는 것과 죽을 날짜가 똑같다"라며 막걸리에 취한 한흑韓黑 병사들이 부둥켜안은 채 "옳소, 옳소. 그건 반공통일보다 더 옳소." 하고 외치는 모습은 이념 앞에서 처절한 죽음을 맞이할 수밖에 없었던 인간적 비극의 표현이다.

이념은 진리를 향한 인간의 열망이 낳은 반인간적인 폭력의 기제이다. 이념은 올바름에 대하여 그릇됨을 비판하고 공격하고 파괴한다. 이념은 자신의 윤리를 타자에게 강요하며, 진리의 이름으로 단죄한다. 이념은 긍정보다는 부정을, 통합보다는 분리를 야기한다. 이념의 얼굴을 한 진리의 추종자들이 저지른 죄악에 끝이 없다. 이것이 니체가 진리 개념을 비극화해야 한다고 역설한 이유이다.

구상은 이념에 구속되지 않았으며, 때로는 그것을 넘어 보편적 자유의 관철을 위해 목숨을 걸 수도 있다고 선언했다. '47'에서 구상은 "이승만 정권의 전횡에 대한 계속적인 필자의 저항은 마침내 1959년에 이르러 옥고마저 치르게 한다."는 각주를 달아 놓았다. 작품 말미에 시작 시점을 1959년 10월 21일로 명기해 놓기도 했다. "무죄가 아니면 / 진정, 사형을 내려주십시오."라는 표현은 그러므로 당당한 선언이다.

1979년 10월 26일 박정희 대통령이 측근의 총에 불운한 죽임을 당하자 구상은 시를 썼다. 각주에 '진혼축鎭魂祝'이라고 표기해 놓았다. '87'은 대통령이자 친구인 박정희를 추모하면서 "설령 그가 당신 뜻에 어긋난 잘못이 있었거나 / 그 스스로가 깨닫지 못한 허물이 있었더라도 …(중략)… 그의 영혼이 당신 안에 길이 살게 하소서"라고 기도했다. 구상은 인간의 윤리가 아니라 하느님의 신비 안에서 대립과 부정을 넘어서서 한 인간의 죽음을 애도할 수 있었다.

이처럼 「모과 옹두리에도 사연이」는 격동의 현대사를 살아낸 구상의 자전적 고백의 시편들이다. 한국사의 전면과 후면을 관통하는 장구한 시간 속에 자신이 겪은 삶의 현장이 공간적으로 접속돼 있다. 그것은 확실히 "부침과 신산고초의 시간이자 쓰라린 사건의 연속이었지만, 구세주 예수를 준거점으로 하여 자신을 반성하고 성찰함으로써 삶의 신비를 드러내는 과정"이었다.

> 바닷가의 조개껍데기처럼
> 비린내 나는 육신과는 헤어지고
> 세상 파도에서는 밀려나
> 칠순의 나이를 살고 있다.
>
> 나를 이제껏 살아남게 한 것은
> 나의 성명性命의 강하고 장함에서가 아니라
> 그 허약에서다.
>
> 모과나무가 모과나무가 된 까닭을 모르듯이
> 나 역시 왜 시인이 되었는지를
> 스스로도 모른다.
>
> 한 마디로 이제까지의 나의 생애는
> 천사의 날개를 달고

칠죄七罪의 연못을 휘저어 온
모험과 착오의 연속,
나의 심신의 발자취는
모과 옹두리처럼 사연투성이다.

예서 앞길이 보이지 않기론
지나온 길이나 매양이지만
오직 보이지 않는 손이 이끌고 있음을
나는 믿는다.
　　　　　―「모과 옹두리에도 사연이 89」 전문

　구상은 인간적 '진리'에 반대하는 삶, 대립과 부정을 무너뜨리는 삶을 살았다. 그는 '나자렛 예수'의 신비와 '그리스도 폴'의 가르침을 실천하면서 평생을 시인이자 교육자, 언론인으로서 살았다. 100편에 이르는 「모과 옹두리에도 사연이」 연작은 그러한 자신의 삶에 대한 고백이자 반성이며, 성찰이자 기도이다.

'죽임'에 저항하는 절박한 기도
- 연작시 「밭 일기」에 대하여

"삶은 죽음과 맞서지 않는다. 그것은 죽임에 맞선다."[1] 인간은 누구나 자신의 생명이 유한하다는 것을 알며, 일평생 죽음을 사유할 수밖에 없는 존재라는 사실도 잘 알고 있다. 인간은 죽음과 함께 살아가며, 죽음과의 마주침과 엇갈림 사이를 배회하는 존재이다. 삶에 대응하여 죽음을 인식하는 경우이든, 삶과 죽음을 상호 포함 관계로 받아들이든 죽음은 인간에게 성찰과 반성을 요구한다. 그런 점에서 죽음은 철학의 기원이자 윤리의 연원이다.

그러므로 '죽임'은 용납할 수 없는 반철학이자 윤리의 종말이다. '죽임'은 인간성의 파멸이자 자연에 대한 반역이다. 그럼에도 불구하고 역사는 반복되는 '죽임'으로 인하여 인간에 대한 절망을 유발한다. 전쟁과 폭력으로 인한 '죽임'의 역사에 종지부를 찍고 인간성과 자연을 회복하려는 노력이 끊일 수 없다는 데 인간의 명백한 한계가 있다. 하늘을 우러러 아버지를 찾고, 땅을 살피며 어머니를 그리는 것은 '죽임'에 저항하는 인간의 절박한 기도인지 모른다.

---

1 김지하, 「인간의 사회적 성화」, 『남조선 뱃노래』, 자음과 모음, 2012, 168쪽.

구상이 모두 101편에 이르는 방대한 '밭' 연작을 생산한 것은, 그 분량만큼이나 절박감의 강도가 컸음을 시사한다. '밭'은 자기 시대의 죽임에 저항하는 구상의 절박한 기도처로서 땅의 한 양태라고 할 수 있다. 한국전쟁 휴전 직후 발표된 「초토의 시」에 이어 60년대를 대표하는 구상의 연작시 「밭 일기」[2]에서는 통주저음通奏低音처럼 '밭'을 바탕으로 하여 다양한 시공간적 변주가 이루어지고 있다. 시간적으로도 무한에 가깝고, 공간적으로도 광대한 영역을 포함하고 있다.

또한 소와 쉬파리와 쥐새끼, 청개구리 등속의 동물부터 물외, 토마토, 포도, 능금 등과 같은 과일류가 등장하는가 하면 봉선화, 채송화, 코스모스 등의 화초와 버섯과 나무와 해물과 해초까지 거의 무한의 소재가 나타난다. 그리스 신화를 언급하는가 하면 클레오파트라와 로미오와 줄리엣과 마릴린 먼로가 나오고, 백결 선생과 수로부인도 등장한다. 소똥, 말똥, 돼지똥, 닭똥, 토끼똥, 쥐똥, 염소똥, 당나귀똥, 여우똥 "똥이란 똥이 온 밭에 널려 있다."(「밭 일기 4」) 특정할 수 없는 무한의 오브제는 그 자체가 죽임에 저항하는 구상의 절박감을 표상한다.

구상은 각 편별 제목을 따로 정하지 않고 그냥 숫자로 구분했다. 이는 개별 작품의 제목이 주는 의미화를 최소화하여 연작시 전체의 통일적 메시지를 강화하기 위한 선택으로 보인다. 실제로 구상은 「초토의 시」, 「그리스도 폴의 강」, 「까마귀」, 「모과 옹두리에도 사연이」 등 많은 연작시[3]의 각 편을 숫자로 표기했다. 연작시의 창작자는 개별 작품의 소재와 제재, 주제적 차별성을 유지하는 원심적 노력과 함께 작품 전체의 유기적 연관성과 메

---

[2] "이 시(「밭 일기」)는 일본 체제 중에 완성하였으며, 1967년 1월~4월 말까지 《주간한국》에 연재한 101편의 연작시이다. 1960년대의 문학 소산으로서 손꼽혔으며, 우리나라 연작 장시의 효시라고 말하고 있다." 이운룡, 「한국 기독교시 연구 - 김현승·박두진·구상을 중심으로」, 조선대학교 대학원 박사학위논문, 1988, 84쪽.
[3] "구상은 많은 연작시를 발표하였다. 『초토의 시』를 시작으로 『밭 일기』, 『그리스도 폴의 강』, 『까마귀』, 『동심초』, 『모과 옹두리에도 사연이』 등을 통하여 구상은 연작시 양식의 개척자 역할을 담당하였다." 조창환, 「구상 시의 전개와 문학사적 의의」, 『한국 현대시의 분석과 전망』, 한국문화사, 2010, 201쪽.

시지의 구심적 통일성을 기해야만 한다. 연작시는 단순한 형식적 열거가 아니라 일정한 의미 계열을 형성해야 성립되기 때문이다.

이와 관련해 구상이 "연작시에 관심을 가진 것은 극양식이 지닌 메시지의 전달력에 매력을 느꼈기 때문으로 보인다."면서 "한 편씩으로 보면 서정적 작품이면서 전체로는 극적 양식이 되기를 바랐기 때문"[4]에 언어적 조탁이나 이미지의 형상화보다는 주제의 직접적 전달에 집중한 연작시를 지향했다는 조창환의 주장은 주목된다. 또 "세련미나 정교한 제품으로서의 미가 시에서의 치밀한 메타포나 현란한 이미지를 통해서, 엄밀히는 그런 것 자체에서 달성되는 것이라면 구상은 이와는 다른 쪽에 서 있다. 그것은 윤리적 인간적 측면에 서 있음을 뜻한다."[5]는 김윤식의 주장도 참고할 만하다.

요컨대 구상은 자신에게 주어진 비극적 현실 인식의 강도가 크면 클수록 표현주의적 모더니즘 경향이나 대립과 투쟁의 리얼리즘 기법을 벗어나 일종의 '무기교의 기교'에 도달하는 것이다. 그 구체적인 양상이 형식의 측면에서 연작시로 나타났고, 표현의 측면에서 '신현실주의'[6]로 드러난 것이라 할 수 있다. 그것이 철학적 성찰과 윤리적 반성이라는 주제론적 문제의식을 기반으로 하고 있음은 물론이다. 그런 점에서 「밭 일기」는 이전과 이후의 연작시에서 볼 수 있는 형식·표현·주제 의식의 일관성을 견지하고 있는 작품이다.

1984년 발간된 「모과 옹두리에도 사연이」가 이념적 대립이 노골화된 격동의 현대사를 살다 간 구상의 자전적 고백의 시편들이었다면, 그보다 20여 년 앞서 발표된 「밭 일기」는 현장에서 직접 객혈하듯 기록한 일종의 다

---

4 조창환, 앞의 글, 212쪽.
5 김윤식, 「신현실주의 시론」, 『근대시와 인식』, 시와시학사, 1992, 182쪽.
6 "그것(신현실주의)은 한편으로 일상적 현실을 극복하며 다른 한편 말초신경적 내부 이미지의 혼란에 빠진 일체의 기교를 배격 극복하여 보다 높은 단계로 나아가게 하는 시적 태도일 것이다." 김윤식, 앞의 글, 193쪽.

큐멘터리라고 할 수 있다. '모과'가 다루고 있는 현실을 객관화할 수 있는 일정한 시간적 거리를 가지고 있었던 데 비해 '밭'은 동 시간적 상황에 놓인 채 내면의 파열하는 시적 감정을 가감 없는 사실적 시선으로 그려낸 작품이다.

> 1960년대의 「밭 日記」는 땅과 생명력에 대한 관심을 기독교 정신으로 조명한 시이다. 특히 문명 현실의 비극과 전통사상과의 부조화 현상을 신랄하게 비판하고, 기독교적 인간관·우주관이 생생하게 드러나 實寫처럼 그려진 시다. 즉 밭은 흙에 얽힌 사상과 이미지를 몽타주하여 존재의 문제와 사물의 生成 → 消滅 → 新生을 추구하고, 전쟁의 체험과 삶의 고투에서 환기되는 윤리의식, 역사의식에 의하여 地上의 모든 신적 속성이 인간 사회와 부단히 갈등을 일으킴으로써 불안과 고독과 소외의 죄값으로 통제되어 있음을 詩化한 것이다.[7]

그런데 「밭 일기」에 대하여 "다른 농민시와는 차원이 다른 이질적인 것"이라면서 '인생론적 농민시'[8] 라고 규정한 서범석의 논의는 음미해 볼 필요가 있다. 그는 '밭'을 '땅'이나 '흙'이 아니라 '농민'과 결부지어 「밭 일기」를 농민시의 개념 범위 안에 넣으려 하고 있다.[9] 그러나 101편에 이르는 연작시 가운데 농민이나 농사와 관련한 시편들은 그렇게 많지 않다. 또한 농촌 풍경도 나오고 농사와 관련한 이미지들도 여럿 등장하지만, 그것이 지향하고 있는 바는 '농민'이라기보다 '인간'에 가깝다. 서범석 자신도 "'밭' 이미

---

7 이운룡, 앞의 글, 84쪽.
8 서범석, 「구상 시의 의미 구조 - 『초토의 시』와 『밭 일기』를 중심으로」, 『건국어문학』(제21·22집), 1997, 111~114쪽.
9 서범석이 말하는 『밭 일기』의 농민시적 성격은 두 가지다. 첫째 민족적 수난사를 배경으로 하고 있다는 점과 둘째 농민의 삶이 들어있다는 점이 그것이다. 서범석, 앞의 글, 112~113쪽.

지는 농토라는 의미 이상으로 형상화되고 있다."면서 '서정적 자아의 마음이거나 민족의식 내지는 역사의식'이자 때로는 '우주적인 관념으로 확대되기'[10]때문에 '인생론적 농민시'라고 했다.

작품 전반의 주제론적 의미를 고려할 때「밭 일기」의 '밭'은 '농민'이나 '농사'가 아니라 '땅'이나 '흙'으로 이해되어야 하며, 나아가 대지와 모성의 맥락에서 심층적으로 분석되어야 한다. 구상은 '밭'에서 '죽임'을 고발하는 동시에 그것을 넘어서는 철학적·윤리적 대전환을 요구하고 있다. 그는『응향』필화 사건에 연루돼 월남한 시인이며, 한국전쟁을 통해 수많은 '죽임'을 직접 목격한 시인이기도 하다. 그런 점에서「밭 일기」는 '죽임'을 끝내기 위한 구상의 절박한 기도문이라고도 할 수 있다.

그리고 죽임의 양상들이 상징과 비유를 통해 시편들 전반에 등장한다.「초토의 시」에 보이는 직접적 묘사와 직설적 어법과 달리 구상은 '밭'이라는 원형 상징을 통해 고요와 해방 속에서도 슬픔과 통곡을 바쳐야 했다.

> 세상은 일시에 모두 정지되어
> 푸른 송장이 된 것같이
> 숨소리도 없는 이 순간,
> 기아飢餓와 멸시蔑視와 살육殺戮에서 해방된 순간,
> 저주咀呪와 모반謀反도 없는 이 순간,
>
> 너, 쉬파리 똥파리
> 어쩐지 이 고요가
> 서러운 공포가 되며
> 산울림 하게 왕왕, 울어 보누나.
> ―「밭 일기 8」부분

---

10 서범석, 앞의 글, 114쪽.

"숨소리도 없는" 고요한 해방의 순간에도 시인은 '죽임'의 잔상을 떠올리며 "서러운 공포"에 산울림이 '왕왕' 울리도록 통곡하고 있다. 고요와 해방 속에서도 공포와 눈물이 쏟아지는 역설적 상황이 '죽임'의 비참함을 예리하게 표현한다. 실제로 보이는 상황에 기억의 현장이 투영되는 순간의 비탄이다. '비동시적 동시성'이란 개념은 사회학에 연원한 것이지만, 「밭 일기 8」에 보이는 서러운 한탄에도 적실하다. 구상이 느낀 '죽임'의 고통과 그것을 극복하려는 의지가 얼마나 강한 것인지 짐작할 수 있게 한다.

또한 다음과 같은 시편은 '죽임'의 종언을 고하고자 간절히 기도하는 구상의 내면세계를 그대로 느낄 수 있게 한다.

> 내 가슴 동토凍土 위에
> 시베리아 찬바람이 살을 에인다.
>
> 말라빠져 엉켜 뒹구는 잡초雜草의 밭
> 쓰레기 구덩이엔
> 입벌린 깡통, 밑나간 레이션 박스,
> 찢어진 성조지星條紙, 목 떨어진 유리병,
> 또 한구석엔 총 맞은 삽살개 시체,
> 전차戰車의 이빨자국이 난 밭고랑엔
> 말라 뻐드러진 고양이의 잔해,
>
> …(중략)…
>
> 나의 잔등의 미칠듯한 개선疥癬!
> 나의 가슴을 치밀어 오르는 이 구토嘔吐!
> 어느 누구를 향한 것이냐?
> ―「밭 일기 49」 부분

구토가 쏟아지는 '죽임'의 풍경들로 가득한 산하 앞에서 구상은 묻는다. 잔등의 개선[11]과 구토는 "어느 누구를 위한 것이냐?" 대체 누구에게 유익한 것이기에 이토록 가혹한 '죽임'을 초래했는가. 그러므로 구상의 '밭'은,

    1·4 후퇴, 체인도 안 단 트럭이
    오르다간 미끄러지고
    오르다간 미끄러지는 고갯마루서
    그 운전대 옆에 타고 앉아
    차라리 조바심을 지우려고
    멀리 내려다 본 골짝에
    흰눈에 떨어진 검정 보자기처럼
    보이던 그 밭,

    가족들을 데리고 복귀復歸하는 길
    만발한 철쭉꽃에 싸여서
    버짐 먹은 아이의 대가리처럼
    부옇게 패어 있던 그 밭,

    형무소刑務所에서 나와
    시골집으로 가면서 기웃해 본
    강냉이 이삭이 우수수 우수수
    몰려 서 있던 그 밭,

    김천, 대구 사이 신동新洞고개 골짜기

---

11 '개선疥癬'은 옴진드기가 사람의 손가락이나 발가락 사이, 겨드랑이 따위 연한 살에 기생하여 일으키는 전염 피부병.

나환자들의 피고름과 눈물이
얼룩져 있던 그 밭,

이국異國 병상病床 수술대手術臺 위에서
마지막 보이던 고토故土,
그 산뙈기 밭!
　　―「밭 일기 51」 전문

　이처럼 황폐화된 불모의 땅이다. 어느 것도 자라게 할 수 없고, 어떤 것도 기를 수 없는 '죽임'의 땅이다. 생명의 터전이 생명을 품지 못한 채 '검정 보자기'처럼 시커멓게 썩었거나, '버짐 먹은 아이의 대가리'처럼 갈라지고 찢어지고 패어 있다. 고름과 눈물까지 얼룩져 있다. 시편 전체에 걸쳐 '죽임'의 불모성이 처연하게 묘사되어 있다. 그리고 자신마저 병상 수술대 위에 누워 있다.
　그럼에도 불구하고 '고토故土'가 있다. 수술을 앞둔 경각의 순간에도 '고향'은 있다. 누구에게나 있다. 자신을 낳고 길러 준 원형의 땅은 절체절명의 순간에도 '생명'을 향한 인간의 간절한 바람 앞에 나타난다. 「밭 일기 51」에 등장하는 '밭'은 모두 불모이지만, 바로 그렇기 때문에 '생명의 땅'(고토)을 향한 시인의 열망을 표상한다.

곰아! 너야말로 구름처럼
북으로 되흘러 가지도 못하고
그렇다고 나자렛 예수처럼
부활승천復活昇天도 못하고

원산, 기름진 덕원德源 들판에서 뛰쳐나와
대구, 부산으로 두 번이나 쫓겼다가

다시 서울로 기어 올라와
남산 기슭 성城 밑 무허가 판잣집
목마른 텃밭이 된
내 신세랑 네 신세
고약한지고.
　　　—「밭 일기 44」부분

'곰'은 유랑하고 '나'도 떠돈다. 북에서 남으로, 다시 북으로 떠돌이의 삶을 살아야만 하는 '곰'(민족)과 '나'의 신세는 고약하기 그지없다. 차라리 그것은 '죽임'에 직면한 존재론적 위기를 함축한다. 안주하지 못하고 떠도는 삶을 강제당하는 것은 '죽임'을 앞둔 본질적 위기이다. 나아가 정착이나 안정이라는 것도 완전한 것이 못 된다. 가령,

저녁 어스름 속에
소를 몰아
지게 지고 돌아온다.

굴뚝 연기와
사립문이 정답다.

태고太古로부터
산과 마을과 들이
제자리에 있듯이

나라의 진저리나는
북새통에도
이 원경原景에만은

안정이 있다.
―「밭 일기 23」 부분

'곰' 마을의 원형적 풍경에 가까운 어느 고장의 저녁을 묘사하고 있다. 정답기도 하다. 그런데 구상은 "나라의 진저리나는 / 북새통에도" 저녁 어스름 속에 소를 몰아 지게 지고 돌아오는 장정들과 굴뚝 연기 피워 올리며 사립문을 여는 아낙들을 떠올리면서도, "이 원경原景에만은 안정이 있다."고 한다. 근경近景도 아니고 원경遠景도 아니다. 단지 '원경原景'일 뿐이다. 때문에 구상은 '안정安定'이 있다고 표현했다. 마땅히 있어야 할 '인정' 넘치는 농촌 풍경이 아니라, 원경原景에만 '안정'이 있는 고장인 것이다.

구상은 또한 자신의 지병(폐결핵)도 이념적 대립과 연결 지었다.

암담한 북녘 하늘
핼쑥한 해
검정을 쓴 구름
우중충한 산
음산한 공기
냉랭한 바람

와병臥病
장장長長
20년

침윤浸潤
객혈咯血
공동空洞
누瘻

좌폐左肺를 파먹은 까마귀 떼
우폐右肺를 파먹은 갈가마귀 떼
잔들에 불이 난다.

쏟아져라
폭우
폭우

쳐라
벼락
벼락

저 이념理念이 허재비
머리 위에!
　　　—「밭 일기 38」 전문

앞부분의 처참한 '죽임'을 보노라면, '저 이념理念이 허재비'라는 명명이 통렬하기까지 하다. 암담, 핼쑥, 우중충, 음산, 냉랭, 침윤, 객혈, 공동, 누, 까마귀, 갈가마귀들이 표상하는 미만한 '죽임'의 밭에 "쏟아져라", "쳐라"라 명령하는 육성에는 그러나 한탄이나 절규가 묻어 있다. 정신적·신체적으로 완비된 자들의 공세가 아니라, 얻어터지고 찢어져서 더는 견딜 수 없는 고통의 순간에 터져 나오는 단말마적인 비명으로 들린다.

　실제로 구상은 폐결핵을 앓았다.[12] 2~4연까지의 내용은 직접적으로는 병과 싸워온 자신의 이력이다. 1연을 병증에 시달려온 황폐화된 내면을 자신을 둘러싸고 있는 자연에 투사한 것으로 본다면, 5~6연의 "쏟아져라",

---

[12] 「밭 일기 40」은 폐 수술의 구체적인 상황 묘사와 그 이후 장기간의 치료 과정을 상세히 기록한 시편이다.

"쳐라"도 개인적인 차원의 비명으로 읽을 수 있다. 그러나 '저 이념理念이 허재비'를 통해 구상은 시행의 의미 맥락을 완연히 이중화시키면서 폐결핵과 한국전쟁과 그 후 현대사의 이념 대립을 강렬하게 비판하는 데 성공하고 있다. 그리고,

    밤비가 지나간
    밭은

    새벽같이 일어나서
    세수하고

    아침해를 받으며
    머리를 참빗질 한다.
        —「밭 일기 15」 전문

  구상은 숱한 '죽임'의 고통을 이겨내고 이렇게 맑은 아침 밭을 보고자 했다. 새벽같이 일어나 깨끗하게 세수하고, 참빗으로 머릿결 곱게 빗은 다음 맑고 맑은 '아침 밭'을 보고 싶어했다. 그 간절한 마음의 강도는 101편에 이르는 연작시를 낳게 했다. 그는 끝내 '죽임'을 이겨내고자 했다. 대립과 투쟁을 넘어 "신록의 밭"(「밭 일기 61」)을 보고자 했다.
  「밭 일기」는 실로 다양한 스펙트럼을 보여준다. 개별성(원심력)과 통일성(구심력)을 동시에 추구해야 하는 연작시의 양식적 특성상 모든 시편들에 대한 차분하고 진지한 분석이 전제되어야 작품에 대한 전면적인 이해가 가능할 것이다. 개별적인 양상의 다양한 모습과 그것을 묶어내는 통일성의 실체를 파악해야 비로소 연작시 전체를 유기적으로 감수했다고 할 것이기 때문이다.

"시 아닌 것이 정녕, 하나도 없다"[1]

- 연작 시화詩話 「유치찬란」에 대하여

「나의 시詩」를 분석한 글에서 이미 밝힌 대로 구상 시인은 시화詩話라고 부르는 에세이를 많이 남겼다. 「홀로와 더불어」에 대하여 동명의 시화가 있고, 「그리스도 폴의 강」에 대하여 같은 제목의 시화가 있다. 「초토의 시」에 대응해 「초토의 3경」이 있으며, 「노부부」와 「수의壽衣」에 대응해 「결혼생활의 비결」 등이 있다. 평소 "오늘의 시화를 써 보려고 했었"다고 밝힌 대로 구상은 아주 의식적으로 시에 관한 에세이를 쓰겠다는 생각을 가졌으며 이를 실천에 옮겼다.

구상의 이런 생각은 시화의 효용론적 가치를 매우 명확하게 인식하고 있었음을 말해준다.

> 우리의 옛글에는 시 이야기, 즉 시화詩話가 많다. 이것은 자신의 시나 당대 시인들의 작품 또는 옛 시에 전해지는 유래나 일사逸事 등을 기록해 놓은 것으로 우리는 저러한 시 이야기들을 통해서 옛 시인과 옛 지식인의 생활감정뿐 아니라 그들이 처해 있던 사회 상황

---

[1] 구상, 「시심(詩心)」, 『구상문학총서 제3권 연작시』, 홍성사, 2004(초판 1쇄), 370~371쪽.

이나 지니고 있던 문제의식 등을 엿볼 수가 있다.[2]

그렇다면 시화란 '시로 적은 이야기'가 된다. 시적 형식에 '유래'나 '일사'를 포함함으로써 시인들의 내면과 생활상의 감정들, 시대 상황과 문제의식을 표현하는 매체라는 생각이다. 구상은 선대로부터 물려받은 형식과 내용을 후대에 물려주려는 의식을 가졌으며, 그것을 통해 일정한 문학사회학적 효용을 얻고자 했음을 짐작할 수 있다. 특히 일제시대에 태어나 분단과 동란, 4·19와 5·16, 유신과 권위주의, 민주화운동이라는 다난한 현대사를 겪은 시적 지성으로서 그러한 기대는 소당연이라 할 수도 있겠다.

1989년 발표된 「유치찬란」은 아예 시화집으로 명명되었다. 일상의 소소한 편린과 기억 속에 내장된 현대사의 굴곡들, 내면에 드리운 신산한 삶의 그늘, 돌이켜 부끄러운 고백에 이르기까지 실로 다양한 이야기가 시화되어 있다. 고희에 이른 노경老境의 시인이 자신의 삶을 가감 없이 시화하려 할 때, 그 마음은 역시 효용론적 가치를 염두에 둔 일종의 요청이거나 주문일 터이다. 그렇다면 시화집 「유치찬란」을 읽는 독자의 태도 역시 자신의 삶을 성찰하는 윤리적 반성이 되어야 하겠다.

새해 새 아침이 따로 있다더냐?

신비의 샘인 나날을
네 스스로가 더럽혀서
연탄빛 폐수를 만들 뿐이지

어디 헌 날, 낡은 시간이 있다더냐?

---

[2] 구상, 「우주인과 하모니카」, 『시와 삶의 노트』(구상문학총서 제6권 에세이), 홍성사, 2007(초판 1쇄), 11쪽.

> 네가 새로워지지 않으면
> 새 아침을 새 아침으로 맞을 수가 없고
> 결코 새 날을 새 날로 맞을 수가 없고
>
> 너의 마음 안의 천진天眞을 꽃 피워야
> 비로소 새해를 새해로 살 수 있다
> ―「새해」 전문

'새로움'의 의미를 역전시키는 인식론적 전환이 이 시를 날카로운 현실주의 작품으로 만들어 주고 있다. 새로움은 인식 주체의 외부에 있는 게 아니라 그 내면에 있는 것이며, 새로움을 염원한다면 자신의 내부를 성찰하라는 주문이다. 복잡한 수식과 표현주의적 욕망을 절제한 일견 무기교적 진술로 보이는 시행들은 효용론적 관점에서 자연스런 귀결이라고 할 수 있다. '다른' 새해, '참다운' 새해를 인식하는 데 현란한 언어적 유희는 췌사가 될 뿐이다. 주지하다시피 김윤식은 구상의 이런 시적 태도를 신현실주의[3]로 칭한 바 있다.

「새해」를 필두로 '유치찬란'의 에피소드들이 연이어지는 가운데 '유치'의 의미와 '찬란'의 양상을 드러내는 작품들이 보인다.

> 그런 미숙未熟의 유치란
> 본능적 충동에 사로잡히거나
> 독선과 편협을 일삼게 되느니,

---

[3] "그것(신현실주의)은 한편으로 일상적 현실을 극복하며 다른 한편 말초신경적 내부 이미지의 혼란에 빠진 일체의 기교를 배격 극복하여 보다 높은 단계로 나아가게 하는 시적 태도일 것이다." 김윤식, 「신현실주의 시론」, 『근대시와 인식』, 시와시학사, 1992, 193쪽.

우리가 도달해야 할
어린이 마음이란

진리를 깨우침으로써
자기가 자신에게 이김으로써
이른바 '거듭남'에서 오는
순진이요, 단순이요,
소박인 것이다.
　　　—「거듭남」부분

　참다운 '유치'란 원의 그대로 '어린이 마음'幼稚으로 거듭나는 것이다. 제대로 유치하지 않고, '미숙하게' 유치하기 때문에 독선과 편협을 일삼게 되는 것이다. 여기서도 구상은 통념화된 '유치'의 의미를 역전시키고 있다. 우리는 모두 "진리를 깨우침으로써 / 자기가 자신에게 이김으로써" 거듭나야 한다. 제대로 유치해져야 한다.

나에게는 친·외손녀가
하나씩 있다.

…(중략)…

우리는 한 달에 한 번씩
날짜를 정해 놓고 만난다

그 날이면 그 애들은 안팎이
놀라게 자라가지고 와서는
나에게 재롱을 보여주는 게 아니라

나를 저희 멋대로 놀아나게 해서
흰머리 흰 수염의 이 할애비를
한나절, 쩔쩔 쩔쩔 매게 한다

그 만화 같은 장면이야
여러분 상상에 맡기거니와
어쨌건 나에게는 이 날이
죄 없고 가장 천진한 시간이다.
　　　　—「손녀 면접일」 부분

이것이 찬란이다. '제대로 유치한' 손녀들을 따라 "한나절, 쩔쩔 쩔쩔" 매다 보면 누구나 찬란해진다. 찬란은 멀리 있지 않고, 바로 여기에 있다. 찬란을 엉뚱한 데서 찾는 수많은 '어설피 유치한' 이들을 이끌어가는 솔직한 고백이「손녀 면접일」을 '찬란'의 증거로 만들어주고 있다.
「유치찬란」에는 제대로 유치해서 찬란한 순간들이 가득하다.

아파트 위층 여섯 살짜리 계집애가
초콜릿 한 개를 들고 와서
"이거 할아버지 잡수세요"란다.
뒀다가 나중에 먹겠대도
"어서 잡수세요"란다.
나는 당뇨병을 앓고 있지만
어찌하랴! 한 입 베어 먹고서
- 아아 맛있다, 고 할 수밖에
　　　　—「생활 주변」 부분

이웃집 소녀가
아직 초등학교도 안 들어갔을 무렵
하루는 나를 보며
- 할아버지는 유명하다면서?
그러길래
- 유명이 무엇인데?
하였더니
- 몰라!
란다. 그래 나는
- 그거 안 좋은 거야!
하고 말해 주었다.

올해 그 애는 여중 2학년이 되어서
교과서에 실린 내 시를 배우게 되었는데
자기가 그 작자를 잘 안다고 그랬단다.
- 그래서 뭐라고 그랬니?
하고 물었더니
- 그저 보통 할아버진데, 어찌 보면
  그 모습이 혼자 노는 소년 같아!
　　―「혼자 논다」부분

　시화詩話라는 어의에 부합하는 일상의 한순간이 근접 촬영한 사진처럼 인상적으로 재현되어 있다. 한결같이 제대로 유치해서 찬란한 표정들이다. 만일 이와 같은 장면을 화려한 수식이나 복잡한 메타포로 표현하려 했다면, 작품은 아마 크게 실패하고 말았을 터이다. 그런 점에서 「유치찬란」은 내용과 형식이 절묘하게 호응하고 있는 작품이라고 할 수 있다.

나는 간밤에 몽설夢泄을 했다.

상대는 배꽃같이 해사한 젊은 여인인데 각시적 아내가 아니매 말하자면 간음을 한 셈이다. 깨고 나니 열적기 짝이 없다.
—「꿈」 부분

아시아드 육상 3관왕
임춘애 소녀의
TV에 비친 얼굴을 보니
그 표정이 매우 낯익다.

기억을 더듬고 더듬은 끝에
20대 초반 일본 도쿄 유학시절
하숙방 벽에 붙여 놓았던
모딜리아니의 여인상을 떠올렸다

나는 그때 그 애련한 모습이
어찌나 좋고 그립던지
저런 여인네에게 장가들겠다고
친구들에게까지 떠벌렸다
—「어느 회상」 부분

내밀한 자기 고백과 치부를 드러내는 '제대로 유치한' 작품들이다. 이처럼 맑은 시심이 있어 독자들에게 '자신의 삶을 성찰하는 윤리적 반성'을 촉구할 수 있는 것이다. 그것은 "그러므로 누구든지 이 어린이처럼 자신을 낮추는 이가 하늘나라에서 가장 큰 사람이다. 또 누구든지 이런 어린이 하나를 내 이름으로 받아들이면 나를 받아들이는 것이다."(마태 18,4~5)라고 말한 예수의 가르침과 닿아 있다.

이 밖에도 "저런 죽일 놈"을 부지중 내뱉는 자신을 향해 "이 밑도 끝도 없는 살의殺意에 스스로가 놀라게끔 되었다."(「입버릇」)고 고백하는가 하면, "천성이 치장과는 담쌓은 사람"(「경대」)인 노처老妻에게 경대를 하나 마련해 주어야겠다고 마음을 먹고도 실천하지 못한 자신을 타박한다. 또 "40년 전 저 이북 고향에서 헤어져 / 돌아가셨다지만 그 무덤도 알 길 없는 / 어머니"(「발현發顯」)를 루르드에 발현한 성모로 느끼며 눈물을 닦고, 신부였던 형[4]이 공산당에 납치된 뒤 세상을 떠난 어머니의 장례를 제대로 치렀는지 안타까워하며 슬퍼한다.

이처럼 「유치찬란」은 어떤 시적 기율에도 구애됨이 없는 자유로운 언어 경영과 분칠하지 않는 가감 없는 삶의 고백으로 이룩되어 있다. 마치 세상에는 "시 아닌 것이 정녕, 하나도 없다"고 말하려는 듯 분방하기까지 하다. 말 그대로 '제대로 유치한' 끝에 '참다운 찬란'에 이르는 도정이다. 그리고 구상은 이를 '꽃자리'라 부른다.

반갑고 고맙고 기쁘다.

앉은 자리가 꽃자리니라!

네가 시방 가시방석처럼 여기는
너의 앉은 그 자리가
바로 꽃자리니라

반갑고 고맙고 기쁘다.

---

[4] 구상 시인의 친형 구대준 가브리엘 신부는 북한 덕원군 성 베네딕도 수도원 부설 신학교를 졸업해 신부가 되었으나, 1949년 북한 치하의 원산 수녀원에서 체포돼 1950년 6월 25일 이후 행방불명되어 평양인민교화소에서 순교했다. 배봉학, 「삶을 노래한 구도 시인」, 한국천주교 평신도사도직단체협의회 엮음, 『불꽃이 향기가 되어』(제2권), 도서출판 으뜸사랑, 2017, 20~23쪽.

―「꽃자리」전문

"시 아닌 것이 정녕, 하나도 없다"

제3부

'표현하기'와 '전달하기'의 긴장
- 구상의 시적 기법에 대하여

김윤식은 구상의 시 세계를 다룬 평론 「신현실주의 시론 - 구상론」에서 그의 몇몇 작품을 인용한 뒤 "그의 시는 얼마나 현실적 내지 비시적인가"라며 "이는 한국 근대 시사에서 보면 하나의 이질적 현상이며, 이 사실의 자각은 그의 한국 시사에 대한 도전으로 볼 수가 있다"[1]고 주장한 바 있다. 김윤식은 구상이 세련미나 정교한 제품으로서의 미美가 시에서 치밀한 메타포나 현란한 이미지를 통해 드러나는 것이라는 시론과는 다른 쪽에 서 있다고 보았다. 그것은 물론 '윤리적 인간적 측면'이다.[2]

김윤식이 인용한 시는 다음과 같다.

> (A) 이 산은 눈을 들면 뵈는 산
> 저 산은 눈을 감아도 뵈는 산
> 이 산은 낮에나 나타나는 산
> 저 산은 밤에도 찾아오는 산
> ―「산 이야기」 부분

---

1 김윤식, 「신현실주의 시론 - 구상론」, 『근대시와 인식』, 시와시학사, 1992, 181쪽.
2 김윤식, 앞의 글, 182쪽.

(B) 행길 위에 머슴애들이 우 몰려가 수상한 차림의 여인 하나를 세워놓는다. 돌팔매를 하는 놈, 소똥 말똥을 꿰매달아 막대질을 하는 놈,

「양갈보」「양가ㄹ-보」「양갈보」

더럽혀진 모성을 향하여 이들은 저희의 율법으로 다스리려는 것이다.

「내가 뉘들 애미란 말이냐, 양갈보면 어때? 어때!」

거품까지 물어 발악하는 여인을 지나치던 미군 짚이 싣고 바람같이 흘러간다. 아우성소리만 남고

―「초토의 시·4」부분

(C) 아침 강에
　　안개가
　　자욱 끼어 있다.

　　피안을 저어 가듯
　　太白의 허공 속을
　　나룻배가 간다.

　　기슭, 白楊木가지에
　　까치가 한 마리
　　요란을 떨며 날은다.
　　　―「강」부분

위 시들에 대해 "거의 평면적 서술로 일관되어 있다"[3]고 본 김윤식의 주

3　김윤식, 앞의 글, 181쪽.

장에도 동의할 수 없지만, 시란 '치밀한 메타포나 현란한 이미지를 통해 드러나는 것'이라는 시론 역시 인정하기 어렵다. '평면적'이라는 말은 일체의 비유가 제거된 사전적 어의를 그대로 사용한 문장을 지시한다고 할 때 위 시구들은 물론 그와 전혀 무관하다. 메타포나 이미지라는 것도 한 편의 시 한 줄의 시행에서 원관념과 보조관념의 거리에 따라 상대적으로 이해되어야 할 개념이다.

김윤식이 인용한 「산 이야기」의 시행은 모두 4행이다. 앞뒤 두 행은 각각 '이 산은'과 '저 산은'의 대조로 시작된다. 구상은 의미상의 대조를 의도적으로 구사했다. 또 율격의 측면에서 각 행의 첫머리가 세 글자, 2음보로 구성되어 단속적이며 반복적인 가락을 타고 있다. 이는 대조법과 반복법이라는 수사 기교를 활용한 것이다. 그리고 '눈을 들면'과 '눈을 감아도', '낮에나'와 '밤에도'에도 의미상의 대조법과 율격의 반복법이 구사되어 있다. '뵈는 산'과 '나타나는 산', '찾아오는 산'도 마찬가지이다.

또 첫 번째 행의 "눈을 들면 뵈는 산"이 일상적·상식적 어의를 가진다면, 두 번째 행의 "눈을 감아도 뵈는 산"은 비일상적·심상적 표현이다. 세 번째 시행의 "낮에나 나타나는 산"과 네 번째 시행의 "밤에도 찾아오는 산"도 마찬가지 대조로 구성되어 있다. 이러한 대비를 한시 절구의 전통에 보이는 선경후정先景後情이라고 할 수도 있다. 이렇게 김윤식이 인용한 네 행은 모두 의미의 대조와 율격의 반복을 통해 꽉 짜인 시행의 시적 긴장을 유지하고 있다.

「산 이야기」는 다른 시행들이 어떻게 표현되었는지 모른다고 하더라도 인용된 시행에서 반복적으로 사용된 '산' 이미지가 어떤 심상을 유도하고 있음은 쉽게 파악할 수 있다. 눈을 들어도 보이고 감아도 보이는 산, 낮에도 나타나고 밤에도 찾아오는 산은 그러므로 사전적 의미의 '산'이 아니다. 시인의 내면에 투영된 산, 구상의 마음에 간절한 '어떤 것'을 표상하는 산이다. 대조법과 반복법이 이를 강화시키고 있음은 물론이다.

또한 인용된 「초토의 시·4」가 보여주는 언어도 일상적·상식적인 차원에 머물러 있지 않다. 「산 이야기」나 「강」과 달리 강렬한 서사가 내장된 것을 포함해 시적 기법(기교)의 측면에서 매우 현대적인 메타포와 이미지가 구사되고 있다. 무엇보다 머슴애들과 수상한 차림의 여인의 이미지가 대조를 이룬다. 양갈보라고 비난하고 공격하는 머슴애들과 이에 거품까지 물고 발악하는 여인의 대비는 한국전쟁의 참상을 직간접으로 경험한 모든 이들에게 '초토'의 의미를 실감 나게 전달해 준다. 바로 이 점이 구어口語를 섞어가며 서사를 포함시킨 구상의 의도이기도 하다.

머슴애들과 수상한 차림의 여인의 대비는 그 자체로 수사법의 적용이다. 머슴애들의 행동을 특정하는 "돌팔매를 하는 놈, 소똥 말똥을 꿰매달아 막대질을 하는 놈"도 일종의 환유법으로 볼 수 있으며, 여인을 수사하는 "수상한 차림" 역시 변형된 제유법으로 보아야 한다. 그리고 "지나치던 미군 짚이 싣고 바람같이 흘러간다. 아우성소리만 남고"도 은유이다.

「강」도 매우 정교한 메타포와 이미지로 구성되어 있다. "彼岸을 저어가듯 / 太白의 허공 속을 / 나룻배가 간다"는 시행이 이미 그렇다. 이를 일상적-상식적 언어라고 하는 것은 일종의 도단道斷이다. 그리고 각 3행으로 구성된 세 개의 연도 넓은 시적 공간에서 좁은 곳으로, 낮은 시점에서 높은 시선으로 옮아가는 구성을 보여주면서 역동적인 화면을 구성하고 있다. 여기서 직유법이나 의인법을 운위하는 것은 매우 속 좁은 기능주의적 시론에 그치고 말 터이다.

> 물 먹는 소 목덜미에
> 할머니 손이 얹혀졌다.
> 이 하루도
> 함께 지났다고,
> 서로 발잔등이 부었다고,
> 서로 적막하다고,
> — 김종삼(1921~1984), 「묵화」 전문

구상과 동시대 시인 김종삼의 대표적인 작품으로 꼽히고 있는 「묵화」이다. 1~2행은 외적 상황에 대한 묘사로 선경先景이라 할 수 있고, 다음 네 개의 시행은 시적 화자의 내면에 떠오른 심상의 표현後情이다. 이 작품에는 사실상 아무런 수사적 기법이 보이지 않는다. 매우 건조한 진술에 가깝다. 그렇다고 사건이 내포된 서사도 아니고, 이른바 화재話材만 명시적으로 제시되어 있다. '치밀한 메타포나 현란한 이미지'의 관점에서 보면 거의 시가 아니라고 해도 과언이 아닐 정도이다.

그러나 「묵화」에는 하루 종일 논밭일을 한 어느 노인의 고단한 하루가 다 들어 있고, 그녀의 곁을 지키며 그녀와 함께 그 노동을 나눈 목마른 소가 있다. 해거름 붉은 놀 비친 냇물을 마시는 소의 목덜미(!)에 손을 얹고 "고맙구나, 고맙구나" 되뇌는 사람과 그녀의 체온을 느끼며 느릿느릿 갈증을 푸는 가축의 구별되지 않는 동질감이 아주 선명히 시각화되어 있다. 건조한 시행들 각각은 산문의 한 구절로 보일지 몰라도 그것들의 종합은 정교한 이미지로 형상화되어 있는 것이다. 보이는 것과 보이지 않는 것을 치밀하게 경영한 김종삼의 시적 기교가 빛을 발하는 작품이다.

메타포나 이미지는 시 양식에 필연적인 것이 아니라, 시인의 표현욕에 귀속되는 기능적인 장치이다. 많은 시가 이들을 포함하고 있다는 것은 시인들의 어법에 부합하기 때문이며, 그렇기에 '시적인 것'을 규정하는 개념이라기보다 '시적 표현의 귀결'이다. 그런 점에서 메타포와 이미지에 대한 김윤식의 견해는 원인과 결과를 혼동한 인과론적 착각으로 보인다. 또한 그것들은 한 편의 시에서 다른 요소들에 대해 상대적으로 드러날 뿐이라는 점에서도 논리적 착오라는 생각이다. 리처즈는 '내용(tenor)'과 '전달 수단(vehicle)' 사이의 상호 작용은 "함께 놓인 둘 사이의 거리가 멀어질수록"[4] 긴장은 더욱 커지며, 뛰어난 은유가 된다는 점을 강조한 바 있다. '거리'는 언제나 상대적인 것이다.

---

[4] I. A. 리처즈, 박우수 옮김, 『수사학의 철학』, 고려대학교 출판부, 2001(초판), 117쪽.

필자는 그간 구상의 시를 살피면서 그의 시를 가톨릭적 세계관에 따른 구도적 태도라는 주제론적 접근만큼 중요한 일이 아어雅語를 멀리하는 일상어의 과감한 전면화가 이룩한 미적 성과에 주목하는 것이라 주장해 왔다. 구상 자신도 이미 "나는 시에 있어서 아어雅語나 비유의 습관적 사용은 물론 시의 한 구, 한 절에다 그것이 직유든 은유든 아날로지를 담뿍 늘어놓는 시를 별로 좋아하지 않습니다."[5]라고 말한 바 있다. 그렇다면 구상은 매우 의도적으로 수사적 기교를 멀리해 왔다는 것인데, 앞서 보았듯 그 실제 양상은 완전한 배제나 소거가 아니라 상대적인 차원이었다.

> 내가 의식적으로 시에서 비유를 피하고 평면적 서술을 택하는 일면도 있습니다. 그것은 나의 시의 주제가 지니는 관념이나 비평이 그 내면적 진실을 순수하게 전달하기에는 기경적奇警的 비유가 오히려 배격되고 또 현란한 이미지의 조형을 피해야 하기 때문입니다.[6]

이를 통해 우리는 구상이 어떤 의도에서 일상적·상식적 어의를 취했는지 알 수 있다. 그것은 한마디로 "내면적 진실을 순수하게 전달하기" 위해서이다. 여기서 구상이 '표현'이 아니라 '전달'에 방점을 찍었다는 것에 주목해야 한다. 그는 한 편의 시를 '표현하기' 위해 고투한 시인이 아니라, '전달하는' 데 관심을 둔 시인이었다. 그것은 구상의 시 세계를 관류하는 몇 가지 주제론적 뿌리 가운데 하나인 "휴머니티와 진실의 지향"과 연관된 문제이다.

이와 관련해 필자는 구상의 시를 가톨리시즘적 일원론의 관점에서 분석하며 그의 시 세계를 지탱하는 뿌리로 (1)대긍정을 통한 부활의 의지,

---

5 구상, 「나의 시작태도詩作態度」, 『시와 삶의 노트』(구상문학총서 제6권 에세이), 홍성사, 2007, 186쪽.
6 구상, 앞의 글, 185쪽.

(2)일의적 존재론과 고독의 심화, (3)휴머니티와 진실의 지향으로 정리한 바 있다.[7] 구상은 가톨릭 신자로서 사제가 되고자 소신학교를 다닌 경험이 있으며, 대학에서도 종교학을 전공했다. 그것이 시인으로서 구상이 추구한 시적 주제의 기층을 형성한 것은 당연한 일이다. 때문에 구상은 자신의 종교적 신념과 철학적 개념을 전달하는 데 특별한 주의를 기울였던 것으로 보인다.

며칠째 그 개가 안 보인다.
한쪽 발목이 잘린 앞다리를 들고 아파트 앞뒤 뜰을 껑충껑충 돌아다니던 그 바둑이가 안 보인다.

물론 그 개 주인네도 안 보인다.
예순을 갓 넘겼을까? 곱상스레 늙어가는 이웃 동棟의 아낙네, 지난 늦여름 어린이 놀이터 등덩굴 시렁 아래 나무의자에 우연히 함께 앉게 되어 개의 내력을 물었더니

"지난해 막내딸애가 행길에서 발목을 다치고 쿵쿵거리며 헤매는 강아지가 하도 불쌍해서 데려왔는데요, 처음에는 그저 가엾어서 길렀더니 이제는 정이 들어 한식구가 됐지 뭐예요!"

하고는 덧붙이는 사연인즉

"그런데 그만 크니까 집에 들면 낯을 가려 문 밖에 인기척이 나면 고래 고래 짖어 대서 이웃에서 뭐라고들 하거든요. 그래서 할 수 없이

---

[7] 김재홍, 「구상 시에 나타난 가톨리시즘적 일원론」, 『한국문예비평연구』(제82집), 한국현대문예비평학회, 2024, 129~166쪽.

집을 내 놨어요. 독채로 이사를 가려구요."

하더니 마침내 이사를 갔나 보다.

나는 아파트 뜰에서 그 개를 만날 때마다 이 콘크리트 숲 속에서도 인정의 샘에 때마다 목을 축이는 느낌이었던지라 아쉽고 허전하기 짝이 없지만 그 개를 위해 이사를 간 주인네의 갸륵한 마음씨를 떠올리면 이것도 한갓 이기심이어서 부끄럽기 그지없다.
　　─「어느 이웃의 이사」 전문

　발목이 잘린 강아지를 데려다 키우면서 정이 들어 가족이 된 어느 이웃이 바로 그 개로 인해 이사를 갔다고 생각하는 일상의 한 단상을 그대로 시화한 작품이다. 일견 특별한 비유나 복잡한 이미지가 있어 보이지 않는다. 그냥 차분히 읽어 내려가는 것만으로도 시인의 주제 의식이 이해되는 듯하다. 그런 점에서 「어느 이웃의 이사」는 구상의 시작 태도에 완전히 부합하는 작품이라고 할 수 있다.
　그러나 1연의 두 행과 2연의 첫 행에 모두 사용된 '안 보인다'는 표현은 반복법을 통한 의미의 강화를 이룩하고 있으며, 조사의 생략을 통한 음보율의 적실한 구사도 보인다. 또 대화체 지문을 인용한 것, 그 지문의 앞뒤로 종결 어미를 사용하지 않은 시행으로 연 갈이를 한 것, 결말부에 보이는 은유법까지 구상은 이 작품에서 매우 치밀한 시적 경영을 전개하고 있다.

　　아침부터 그 흰 개는 길을
　　깨물고 놔주지 않았다
　　길 옆 화단의 잡초와 시간을
　　뽑고 있는 노인들은
　　잠깐씩 그 흰 개를 바라보고

아카시아 꽃잎은 바람이 불 때마다
아주 먼 곳으로 떨어지고 있었지만
떨어지기 전
향기를 잃은 꽃잎은
쉽게 남들의 일이 되는 법

다시 집으로 돌아오는 길
트럭이 그 흰 개를 밟고 지나갈 때
그 흰 개는 털을 세우고
길을 물어뜯기 시작했다
잠시 속도를 줄이며
백미러를 통해 흰 개를 확인하는 운전사
— 안주철(1975~), 「흉측한 길」부분

 밤사이 도로 위를 지나다 자동차에 치여 죽은 '그 흰 개'를 다룬 젊은 시인의 작품이다. 죽은 개의 짓이겨진 입이 길을 깨물고 놔주지 않았다는 활유법이 강렬한 이미지를 형성하고 있다. 다음 연에도 "그 흰 개는 털을 세우고 / 길을 물어뜯기 시작했다"는 표현이 불의의 죽임을 당한 개의 시점에서 매우 적실한 비유로 이루어져 있다. 그리고 나머지 시행들은 핵심 이미지를 강화하는 일견 평범한 진술들로 채워져 있다.
 그러나 죽은 개와 '잡초와 시간을 뽑고 있는' 노인들의 대비도 매우 정교한 의미론적 비유를 내포하고 있고, 아카시아 꽃잎이 부러 먼 곳으로 떨어지고 있다는 표현, "길을 물어뜯는" 개와 "백미러를 통해 흰 개를 확인하는 운전사"의 대비도 의미의 층위를 넓고 깊게 만드는 기능을 다하고 있다. 이와 같은 맥락에서 구상의 시와 안주철의 시적 작업 방식은 근본적으로 다르지 않다. 두 시인 모두 자신이 표현하고자 하는 주제에 부합하는 범위 안에서 적실한 메타포와 이미지를 구사하고 있다. 말하자면 '내용'

과 '전달 수단'의 상대적 거리를 자신들의 언어 안에서 자유롭게 표현하고 있는 것이다.

> 저 허공虛空과 나 사이 무명無明의 장막을 거두어 주오.
> 이 땅 위의 모든 경계선境界線과 철망과 담장을 거두어 주오.
> 사람들의 미움과 탐욕과 차별지*差別智를 거두어 주오.
> 나와 저들의 체념諦念과 절망을 거두어 주오.
>
> 소생케 해주오. 나에게 놀람과 눈물과 기도를,
> 소생케 해주오. 죽은 모든 이들의 꿈과 사랑을,
> 소생케 해주오. 인공이 빚어낸 자연의 모든 파상破傷을,
>
> 그리고 허락하오. 저 바위에게 말을, 이 바람에게 모습을,
> 오오, 나에게 순수의 발광체發光體로 영생永生할 것을 허락하오.
> ―「오도午禱」 전문

'오도'도 평범한 일상어가 아니지만 허공, 무명, 탐욕, 차별지[8], 체념, 파상, 발광체, 영생 등의 시어도 모두 관념어들이다. 무거운 개념어들로 인하여 시가 상당히 둔중한 느낌을 준다. 그러나 "거두어 주오"가 네 번 반복되고, "소생케 해주오"가 세 번 반복되면서 그로 인해 '오후의 기도'는 풀릴 수 없는 한 인간의 실존적 갈증을 해소하고자 하는 간절한 염원을 시화하는 데 성공하고 있다. 간절한 사람은 거듭거듭 기도하게 되는 법이다.

「오도午禱」는 구상의 내적 바람의 시화詩化에 집중한 작품이다. 자신에게 친숙한 관념적 개념어들을 마음껏 구사하면서, 즉 시를 읽을 독자의 태도

---

8 구상은 '차별지'에 대해 "만물 만상의 근본을 평등으로 보지 않고 차등현상으로 보는 인식"이라는 각주를 달아놓았다. 구상, 『한국대표시인선집 - 구상』, 문학사상사, 2002, 95쪽.

나 의식을 그다지 고려하지 않으면서 자유롭게 표현하고 있다. 시란 무엇보다 시인 자신의 내면에서 비롯되는 일인칭의 예술임을 직접적으로 보여주려는 듯하다. 그런 점에서 이 작품은 '전달하는' 데 초점을 맞춘 작품이 아니라 '표현하는' 데 중점을 둔 작품으로 느껴진다.

 이런 사실은, "내면적 진실을 순수하게 전달"하기 위해 기경적 비유와 현란한 이미지를 피하겠다는 구상 자신의 시론과 상반된 것처럼 보이기도 한다. 그러나 「오도午禱」는 앞서 본 서술구의 반복만 아니라 관념적 개념어들 자체도 반복되면서 '간절함'을 강화해 주고 있다는 점에서 중층적인 수사적 기교가 구사된 작품으로 볼 수 있다. 가락을 형성하는 반복과 의미를 강화해 주는 반복이 겹쳐지면서 기도의 염원을 절박한 정조로 이끌어 가고 있다.

  집 앞 행길에서
  그 어느 날 발부리에 차인
  조약돌 하나와 나날이 만난다.

  처음에 우리는 그저 심드렁하게
  아침저녁 서로 스쳐 지냈지만
  돌은 차즘 나에게 말도 걸어오고
  슬그머니 손도 내밀어
  친구처럼 익숙해갔다.

  그리고 아침이면 돌은
  안으로부터 은총의 꽃을 피워
  나를 축복해 주고
  늦은 밤에도 졸지 않고
  나의 안녕安寧을 기다려 준다.

때로는 천사처럼 훌훌 날아서

내 방엘 찾아 들어와

만남의 신비를 타이르기도

하고 사귐의 불멸을 일깨워도 준다.

나는 이제 그 돌을 만날 때마다

미개未開하고 불안스런 나의 현존現存이

부끄러울 뿐이다.

　　　—「조약돌」 전문

　여기서 구상은 나날이 조약돌을 만나고, 그와 대화하고 손을 잡고 마침내 친구가 되었다. 조약돌은 의인법이라는 단순한 수사적 차원을 넘어 "은총의 꽃을 피워 / 나를 축복해 주고 …(중략)… 안녕安寧을 기다려 주"는 존재가 되었다. 그러나 거기서 멈추었다면 이 작품은 평범한 수준에 머물렀을지 모른다. 연이어 '사귐의 불멸'을 일깨워 주는 조약돌로 인해 "미개未開하고 불안스런 나의 현존現存"을 인식한 순간 한 편의 기도이자 전언이 되어 독자들의 내면에 큰 울림을 준다.

　구상은 무생명에서도 생명의 소중함과 성스러움을 느꼈다. 마지막 행 "부끄러울 뿐이다."라는 통절한 반성과 함께 「조약돌」은 한국 시사의 돋보이는 내면 고백이다. 마치 시란 자잘한 기교적 표현과 구별되는 진실한 성찰의 예술이라고 말해주는 듯하다.

아침 강에

안개가

자욱 끼어 있다.

피안彼岸을 저어가듯

태백太白의 허공 속을
나룻배가 간다.

기슭, 백양목白楊木 가지에
까치가 한 마리
요란을 떨며 날아다닌다.

물밑의 모래가
여인네의 속살처럼
맑아 온다.

잔 고기떼들이
생래生來의 즐거움으로
노닌다.

황금의 햇발이 부서지며
꿈결을 이룬다.

나도 이 속에선
밥 먹는 짐승이 아니다.
　　—「그리스도 폴의 강·1」 전문

　　김윤식이 「강」으로 인용한 이 작품은 다른 작품들과 함께 연작시 「그리스도 폴의 강」으로 묶어졌다. 「강」 3연의 "날은다"가 「그리스도 폴의 강·1」에서 "날아다닌다" 등으로 일부 시구에 변형이 가해지기도 했다. 그러나 그것은 미세한 율격 상의 차이를 제외하면 의미론적으로 큰 변화는 아니다. '메타포'와 '이미지'의 측면은 앞서 살핀 바와 같으나, 이 시는 "나도 이 속에

선 / 밥 먹는 짐승이 나이다."라는 표현을 통해 존재론적 차원의 통찰을 선사하고 있다. 또한 구상은 그 통찰 위에서 짙은 안개 속에서도 "황금의 햇발이 부서지며 / 꿈결의 꽃밭을 이루"는 모습을 보는 서정시 특유의 동화와 투사를 구현하고 있다.

1
아침저녁으로 샛강에 자욱이 안개가 낀다

2
이 읍에 처음 와 본 사람은 누구나
거대한 안개의 강을 건너야 한다
앞서간 일행들이 천천히 지워질 때까지
쓸쓸한 가축들처럼 그들은
그 긴 방죽 위에 서 있어야 한다
문득 저 홀로 안개의 빈 구멍 속에
갇혀 있음을 느끼고 경악할 때까지

어떤 날은 두꺼운 공중의 종잇장 위에
노랗고 딱딱한 태양이 걸릴 때까지
안개의 군단은 샛강에서 한 발자국도 이동하지 않는다
출근길에 늦은 여공들은 깔깔거리며 지나가고
긴 어둠에서 풀려나는 검고 무뚝뚝한 나무들 사이로
아이들은 느릿느릿 새어 나오는 것이다

… (중략) …

>   3
>   아침저녁으로 샛강에 자욱이 안개가 낀다
>   안개는 그 읍의 명물이다
>   누구나 조금씩은 안개의 주식을 갖고 있다
>   여공들의 얼굴은 희고 아름다우며
>   아이들은 무럭무럭 자라 모두들 공장으로 간다
>   — 기형도, 「안개」 부분

안개를 소재로 한 점에서 후배 시인 기형도의 「안개」와 「그리스도 폴의 강·1」을 비교해 보는 것도 흥미로운 일이다. 두 작품은 서로 다른 길을 걸어 서정시가 갖추어야 할 깊이와 넓이를 보여주고 있기 때문이다.

각 도입부는 서정적 공간을 규정하는 표현으로 거의 동일한 구문론적 특성이 있다. 아침, 강, 안개, 자욱은 두 편 모두에서 시계視界를 흐리는 시적 상황에도 불구하고 보이지 않는 것을 보는 시인의 예각적인 감성을 강화하는 장치이다.

그런데 농무濃霧 속에서 구상이 존재론적인 한계를 넘어서는 어떤 구원의 표징을 본 것과 달리 기형도는 매우 사회학적인 현실을 목도하고 있다. 그는 자욱한 안개의 길을 걸어 낄낄거리며 출근하는 여공들을 보았고, 그 뒤를 따라 눈 비비며 느릿느릿 등교하는 아이들을 보았다. 앞이 보이지 않는 안개는 한 여공이 불시에 겁탈당하는 공간이기도 했고, 늦은 밤 선량한 취객을 얼어 죽게 만든 곳이기도 했다.

기형도의 시는 아침저녁으로 샛강에 자욱이 끼는 안개로 인해 '읍내' 사람들의 불행한 운명이 감춰지는 상황을 표면으로, 그럼에도 이들이 대를 이어("아이들은 무럭무럭 자라 모두들 공장으로 간다") 그 불운을 견디며 살아갈 수밖에 없다는 사실을 이면으로 담고 있는 작품이다. 구상과 달리 기형도는 매우 우울한 현실 인식을 시화한 것이다.

구상의 「그리스도 폴의 강·1」은 내면적인 깨달음과 이를 가능케 한 안개

긴 강과 그 주변의 물상들을 표현한 데 비해 기형도의 「안개」는 전형적인 서사 구조⁹ 위에서 자신의 비판적인 현실 인식을 표현하고 있다. 기형도의 「안개」에는 사건(event)이 있고, 행동(action)이 있다. 구상이 대상과의 거리 제거(동일시)라는 과정을 통해 자신은 '밥 먹는 짐승'이 아니라는 서정적 동화의 단계에 이른 데 비해 기형도는 '젖은 총신'이 되어 하늘을 향해 검은 연기를 내뿜는 공장 굴뚝과 그 일대에서 살아가는 사람들의 불행한 일상이라는 서사를 통해 서정적 동화에 진입하고 있다. 두 작품은 서로 다른 길을 걸어 서정시의 본령에 도달한 것이다.

김준오에 따르면 서정시는 자아와 세계의 동일성을 통해 거리의 서정적 결핍(lyric lack of distance)에 이르는 장르적 특성을 갖고 있다. 또한 시 속에서 발화의 주체인 시적 자아는 주관과 객관, 감정과 이성이 구분되지 않으며, 세계와 접촉하지 않아도 존재하는 자아로서 동일성의 구현체이다. 동일성은 대상과 자아를 구별하지 않는 동화(assimilation)와 투사(projection)를 통해 이루어진다. 시정시의 시간은 순간과 압축성을 띠며 '영원한 현재'의 시간이다. 이것이 대부분의 서정시가 현재 시제를 갖는 이유이기도 하다.

그런 점에서 서정시는 연속적이고 역사적인 사건이나 서사적인 시간에 별로 관심이 없다. 서정시가 표현하는 상황은 대상의 '재현'이 아니라 자기 표현(self-expression)이다. 외적 상황을 내면화시키는 데 서정시의 본성이 있다. 때문에 주관적 경험과 내적 세계의 표현이 이원론적으로 나눠지지 않는다. 또한 서정시는 자수율과 음보율을 기초로 한 율격을 가지며, 자음과 모음의 음가 상의 미묘한 차이를 동반하는 음악성¹⁰을 갖는다.

구상과 기형도의 '안개'는 물론 이러한 서정시의 개념을 경직되게 적용

---

9 서사 이론가 포터 애벗은 "서사란 사건의 재현 혹은 사건의 연속을 의미한다."면서 "사건이나 행위가 없다면 결코 서사를 만들 수 없다는 것은 분명하다. '묘사'나 '설명' 또는 '논증'이나 '서정' 혹은 이것들의 조합이나 또는 완전히 다른 것이 될 수 있을지도 모르지만 결코 서사는 될 수 없다."고 했다. H. 포터 애벗, 우찬제 옮김, 「서사의 정의」, 『서사학 강의』, 문학과지성사, 2010, 35쪽.

10 김준오, 「시의 정의」, 『시론』, 삼지원, 2019(제4판 39쇄), 32~55쪽.

할 수 없는 변형과 변주를 수행하고 있다. 구상의 시가 대체로 이와 같은 서정시의 이론적인 범주 안에 있는 것으로 볼 수 있다면, 기형도의 작품은 적극적으로 서사를 도입한 탓에 경계를 넘은 듯도 보이는 게 사실이다. 하지만 앞서 본 대로 두 작품은 모두 '서정적 동화'에 도달함으로써 김준오의 해석학적 서정시론에 동의를 표하고 있다.

아름다운 오해로
출발하여
참담慘憺한 이해에
도달했달까!

우리는 이제
자신보다도 상대방을
더 잘 안다.

그리고 오히려
무언無言으로 말하고
말로써 침묵한다.

서로가 살아오면서
야금야금 시시해지고
데데해져서
아주 초라해진 지금
두 사람은 안팎이
몹시 닮았다.

오가는 정이야 그저

해묵은 된장맛……

하지만 이제사
우리의 만남은
영원에 이어졌다.
                  —「노부부老夫婦」 전문

   이 작품도 의미 전달에 특별한 어려움 없이 언뜻 일상어로 보이는 시행들로 구성되어 있다. 그러면서도 '오해'와 '이해'의 대비, '무언無言'의 '말'과 '말의 침묵'의 대비라는 세로축을 구축해 의미론적 긴장을 유도하고 있다. 그리고 "서로가 살아오면서 / 야금야금 …(중략)… 몹시 닮아"가서 마침내 해묵은 된장 맛 같은 동일화에 이르는 가로축을 설정해 노부부의 만남이 '영원'을 향해 나아간다는 보편성에 이르고 있다.
   「노부부老夫婦」는 '표현하기'와 '전달하기'의 구별이 사라진 작품으로 보인다. 표현하면서 전달하고, 전달하면서 표현하는 자유자재한 경지이다. 드러난 말과 숨겨진 뜻이 따로 있지 않으면서도 해로偕老하기를 고대하는 모든 사람의 소망에 도달하고 있다. 어쩌면 이것이 '기경적 비유'와 '현란한 이미지'를 넘어선 구상 시의 미적 성과의 한 단면일 터이다.
   이상에서 살펴본 바와 같이 구상의 시는 "한 구, 한 절에다 그것이 직유든 은유든 아날로지를 담뿍 늘어놓는 시를 별로 좋아하지 않"는다는 그의 시론에도 불구하고 한 편의 시에 포함될 수 있는 다양한 수사적 기법과 이미지를 활용하고 있으며, 그것을 통해 자아와 세계의 동일성과 거리의 서정적 결핍이라는 서정시의 본령을 보여주고 있다.
   그렇다면 일상어의 과감한 전면화가 이룩한 미적 성과에 주목해야 한다는 필자의 주장은 다소 수정되어야 한다. 구상은 "일상어와 시어를 분리하지 않는 시적 수사와 이미지를 통해 서정시가 갖추어야 할 특별한 미적 성과를 거두었다."

'생성'과 '긍정'의 비대립적 시 세계
- 시선집 『적군 묘지 앞에서』 발간에 부쳐

개인사에 투영된 민족의 디아스포라

구상 시인은 1919년 서울에서 태어나 2004년 작고하였다. 식민지 조선에서 태어나 일제의 폭압과 태평양전쟁과 한국전쟁, 4·19와 5·16과 경제개발 시대와 민주화 시대를 거쳐 월드컵 4강 신화로 상징되는 2000년대 문화 융성기의 한국을 살다 갔다. 모든 것을 상실한 절망의 시대로부터 모든 것이 가능한 희망의 시대에 이르기까지 구상 시인은 일관된 생성과 긍정의 시적 사유를 통해 비대립적 시 세계를 물려주었다.

나라를 빼앗긴 민족사적 위기와 냉혈의 이념적 패권주의로 인한 동족상잔은 민족의 디아스포라만 유발한 게 아니라 구상에게도 분단과 이산의 날카로운 상처를 남겼다. 1946년 원산에서 시집 『응향凝香』 필화 사건에 연루되어 황급히 월남할 때 그는 어머니와 생이별하게 되었다. 또 가톨릭 사제로 사목활동을 하던 형 구대준 가브리엘 신부와도 헤어지게 되었다.

오늘날 대구광역시 수성구의 '고모역 복합문화공간'으로 조성된 '고모역'에는 동명의 시비가 세워져 있다. "고모역을 지날 양이면 / 어머니가 기다리신다 / 대문 밖에 나오셔 기다리신다 / 이제는 아내보다도 별로 안 늙으신 / 그제 그 모습으로 / 38선 넘던 그날 바래주시듯 / 행길까지 나오셔 기다리신다"(「고모역」 부분). 총탄으로 갈라놓은 혈육의 정을 그리는 시인의 마음이 사무치게 다가온다. 형 구대준 신부도 1949년 북한 치하의 원산 수녀원에서 체포돼 1950년 6월 25일 이후 행방불명되어 평양인민교화소에서 순교했다.

분단의 시간이 길어지는 만큼 남북 동포의 생활 터전은 완연히 이질화되고 있다. 정치, 경제, 사회, 문화, 예술…… 이제는 통일이 되어도 단기간에 동질성을 회복하고 개인과 민족의 보편적 가치 위에서 활력적인 협생의 공동체를 복구하는 것이 요원한 일이라는 비관적 전망이 설득력을 얻고 있다. 단일한 원인이 하나의 결과를 낳고, 하나의 범죄가 단일한 판결로 속죄되는 차원을 넘어 민족사의 심층을 파고든 디아스포라가 "차라리 뼈를 저리"(정지용, 「장수산 1」부분)운다.

개인사에 투영된 민족의 디아스포라 속에서도 구상은 일생을 시인이자 교육자, 언론인으로 살며 한국 현대 시사詩史에 가톨리시즘을 바탕으로 한 시적 사유와 형이상학적 존재론, 휴머니티의 실천이라는 시적 변주를 통해 빛나는 시적 성취를 남겼다. 그는 해방 전 〈북선매일신문〉 기자 생활을 하면서 지방지에 작품을 발표하고, 동인 활동을 하면서 시인으로서의 삶을 시작했다. 월남 이후 한국전쟁 기간 동안에는 종군작가단의 중심적 역할을 하며 시인으로서 본격적인 활동을 펼쳤다.

1951년 첫 시집 『구상』 발간 이후 시선집과 전집을 제외하고도 신작 시집과 신앙 시집을 묶어 10여 권이 넘는 창작 시집을 냈으며 수필집, 수상집, 자전 시문집, 서간집 등도 10여 권 넘게 상재하였다. 또한 영국, 독일, 프랑스, 일본, 이탈리아어로 번역한 시집을 포함해 시선집, 시화집을 발간하는 등 광범위하게 활약했다. 노벨문학상 후보에 두 번이나 오르는가 하면 서울시 문화상, 대한민국 문학상 본상, 대한민국 예술원상을 수상했으며 금성화랑 무공훈장, 국민훈장 동백장, 금관문화훈장을 수훈하기도 했다.

구상은 교육자이기도 하였다. 1949년 서라벌예술대학 전신인 서라벌예술학원 강사를 시작으로 2000년 중앙대학교 예술대학 및 대학원 대우교수까지 51년 동안 후학들에게 문학과 시를 가르쳤다. 이 밖에도 효성여자대학교, 서울대학교, 서강대학교, 하와이대학교, 가톨릭대학교 등에서 강의하면서 그는 교육자로서 한국 현대문학을 이끌어갈 인재 양성에 크게 이바지하였다.

또한 구상은 언론인이기도 했다. 1942년 〈북선매일신문〉 기자를 시작으로 1965년 〈경향신문〉 논설위원 겸 동경지국장을 역임하기까지 20년 이상 현역 언론인이었다. 이들 두 매체 외에도 〈연합신문〉 문화부장(1948~1950)과 〈승리일보〉 주간(1950~1953), 〈영남일보〉 주필 겸 편집국장(1953~1957) 등으로 일하며 일선 기자만 아니라 소속 매체의 취재 전략과 논조까지 결정하는 비중 있는 역할을 수행했다.

다채로운 구상의 연보에서 특별히 주목되는 점은 1938년 함경남도 덕원군 성 베네딕도 수도원 부설 신학교 중등과를 수료한 사실이다. 그가 '세례자 요한'이라는 세례명을 가진 가톨릭 신자로서 사제가 되기로 작정했던 점은 그의 시 세계를 파악하는 데 중요한 고려 사항이기도 하다. 또 니혼대학 전문부 종교과를 졸업한 것도 그의 시에 보이는 사유와 미의식을 이해하는 데 중요한 연대기적 정보라 할 수 있다.

비대칭·비대립적 세계관

하나는 비대칭이다. 대자적 존재가 상정되지 않는 하나에 대칭은 있을 수 없다. 만일 하나의 사유가 전체주의만 아니라면, 어떤 하나도 여럿과 대립하지 않는다. 대자적 동일성을 거부함으로써 오히려 여럿의 개별성을 얻게 된다. 하나와 여럿의 통일은 모순이 아니며 겹겹이 주름진 중층적 세계의 객관적 실재이다.

세계는 언제나 여럿의 절대적 규준을 따라 펼쳐진다. 동시에 세계는 하나의 절대적 규준에 따라 무한히 포함된다. '펼쳐진' 세계와 '포함된' 개별자들은 결국 여럿과 하나의 통일을 이룬다. 라이프니츠가 모나드는 세계를 향한 창窓을 가지고 있지 않다고 한 것은 이러한 일의적 통일성을 사유하였기 때문이다. 온 세상을 포함하고 있는 '단 하나'의 모나드는 자신(개별자)이 곧 세계이므로 그것을 향한 창을 가질 필요가 없다.

이는 물질과 비물질을 사건(event)의 존재론으로 통합한 스토아주의자들 이래 둔스 스코투스와 스피노자와 라이프니츠를 거쳐 베르그송과 화이트헤드와 들뢰즈에 이르는 유구한 일원론적 사유가 보여주는 긍정의 윤리학을 가능케 하는 근거이다. 물리적 대칭은 윤리적 대립의 상관항이다. 이데아든 에이도스(아리스토텔레스)든 세계를 둘(혹은 셋, 넷)로 나누는 이원론적 사유가 아니라면 대칭은 사라진다. 대칭이 사라지면 대립도 무화된다.

이러한 사유는 또 "하느님께서는 우리에게 당신의 영을 나누어주셨습니다. 우리는 이 사실로 우리가 그분 안에 머무르고 그분께서 우리 안에 머무르신다는 것을 압니다."(요한1서 4,12)라고 한 그리스도교적 일원론과도 닿는다. 내가 포함하고 있는 하느님이 동시에 나를 포함하고 있다는 형용모순에 가까운 '포함' 관계가 이해될 때 세상 어느 것과도 대립되지 않는 진정한 대긍정의 사유가 가능해진다.

여럿과 하나의 통일만큼 이들의 동시적 존재는 은유가 아니며, 이들의 상호 침투와 유기적 연쇄도 실체이다. 여럿은 언제나 하나로 하강과 상승의 수직적 운동을, 하나는 언제나 여럿으로 펼침과 접힘의 수평적 운동을 행한다. 여럿과 하나의 운동은 영원하다. 시작도 없고 끝도 없는 무한한 운동 속에서 하나는 모두를 포함한다. "하나의 순환, '하나 안에 전체가', 즉 하나-여럿과 여럿-하나가 하나-하나와 여럿-여럿에 의해 완성되는 순환이 실존한다."(질 들뢰즈, 『주름, 라이프니츠와 바로크』)

어머니와의 생이별, 형의 순교와 같은 개인사적 불운에도 불구하고 이를 분노와 복수심의 정당화 근거로 삼지 않은 것은 구상이 가톨릭 신자로서 한때 사제가 되려 했을 뿐 아니라 종교학을 공부하는 과정에서 철학사의 일원론 전통을 사숙한 때문일 터이다. 그가 일의적 사유와 대긍정의 윤리를 시화할 수 있었던 것은 바로 이러한 바탕을 가지고 있었기에 가능했다.

가톨리시즘의 본질은 그의 시 「나자렛 예수」에 특유의 어법과 언술로 그대로 나타난다. 예수의 삶을 '육화와 죽음과 부활'이라는 세 마디로 정리하고, 그러한 삶은 곧 인간의 구원을 위한 것이었음을 드러냈다. 구상은 가톨리시즘과 일원론적 철학을 통섭하고, 시적 사유와 시적 변주를 일치시킴으로써 한국 현대 시사에서 가장 돋보이는 형이상학적 시업을 성취할 수 있었다.

내가 탯줄에서 떨어지자 맺어져
나의 삶의 바탕이 되고, 길이 되고,
때로는 멀리하고 싶고 귀찮게 여겨지고,
때로는 좌절과 절망까지 안겨 주고,
때로는 너무나 익숙하면서도
생판 낯설어 보이는 당신,
당신의 참모습은 과연 어떤 것인가?

당신은 사상가가 아니었다.
당신은 도덕가가 아니었다.
당신은 현세의 경륜가가 아니었다.
아니, 당신은 종교의 창시자도 아니었다.

그래서 당신은 어떤 지식을 가르치지 않았다.
당신은 어떤 규범을 가르치지 않았다.
당신은 어떤 사회혁신운동을 일으키지 않았다.
또한 당신은 어떤 해탈을 가르치지 않았다.

한편 당신은 어느 누구의 과거 공적이 있고 없고를 따지지 않았고
당신은 어느 누구의 과거 죄악의 많고 적음을 따지지 않았고

당신은 실로 이 세상 모든 사람의 생각이나 말을 뒤엎고

'고생하고 무거운 짐을 지고
허덕이는 사람은
다 내게로 오라,
내가 편히 쉬게 하리라'고
고통받는 인류의 해방을 선포하고
다만, 하느님이 우리의 아버지시오,
그지없는 사랑 그 자체이시니
우리는 어린애처럼 그 품에 들어서
우리도 아버지가 하시듯 서로를 용서하며
우리도 아버지가 하시듯 다함 없이 사랑할 때

우리의 삶에 영원한 행복이 깃들고
그것이 곧 〈하느님 나라〉라고 가르치고
그 사랑의 진실을 목숨 바쳐 실천하고
그 사랑의 불멸을 부활로써 증거하였다.
　　　—「나자렛 예수」 부분

　'아니었다', '않았다'를 반복하면서 가락을 형성하고 의미를 강화하는 수사적 기교도 물론이지만, (1)예수와 자신의 만남, (2)예수의 생애, (3)예수의 의미에 대한 성찰을 통해 대칭과 대립이 사라진 대긍정의 윤리학에 이르는 장쾌한 시적 흐름이 보인다. "하느님이 우리의 아버지"시고, "그지없는 사랑" 그 자체라는 종교적 메시지가 "그 품에 들어서" 서로 용서하며 사랑하라는 윤리적 전언으로 변주되고, '지식'이나 '규범'과 같은 것을 가르치지 않음으로써 스스로 도그마가 되고 타자가 되는 이원론을 벗어났다는 형이상학적 통찰도 보인다.

구상은 평생의 시작을 통해 비대칭·비대립의 시적 사유를 크게 세 가지 양상으로 표현했다. 첫째, 존재와 존재자의 구별을 통해 '홀로서기'와 '함께 있음'이 대립되지 않은 하나의 양상이라는 고독의 존재론이다. 둘째, '하나와 여럿' 혹은 '하나들과 여럿들'을 대립시키지 않는 일의적 존재론이다. 셋째, 인간에 대한 한없는 애정의 표현인 예수의 탄생과 같이 시인 특유의 휴머니티와 진실에의 지향이 그것이다. 이를 통해 구상은 한국 현대 시사에서 유사한 사례를 찾기 힘든 종교적 신성성에 바탕한 시적 사유와 대긍정의 시적 양상을 보여주었다.

'전쟁'과 '평화'의 시적 양상

대칭과 대립을 벗어난다는 것은 세계를 둘로 나누는 방식이 아니라 무한한 '생성'의 사건으로 인식하는 일이다. "세계는 일어나는 모든 것이다."(루트비히 비트겐슈타인, 『논리-철학 논고』) 세계는 규범화되고 규격화된 코드(code)로 환원되지 않는 우발적 생성의 집합이다. 포함하고 포함되는 존재자들이 접히고 펼쳐지는 세계, 카오스와 코스모스가 동의어가 되는 세계를 인식할 때 물리적 대칭과 이념적 대립을 벗어날 수 있다.

구상의 생성적 사유는 물론 일의적 존재론과 그리스도교적 일원론에서 연원한다. 구상에게 그것은 이음동의어에 가깝다. '나'와 '너'를 상대하고, '이것'과 '저것'을 구별하지 않을 때 시인은 '적군묘지 앞에서'도 다음과 같은 시행을 낳을 수 있다.

    어제까지 너희의 목숨을 겨눠
    방아쇠를 당기던 우리의 그 손으로
    썩어 문드러진 살덩이와 뼈를 추려
    그래도 양지바른 두메를 골라
    고이 파묻어 떼마저 입혔거니

> 죽음은 이렇듯 미움보다도 사랑보다도
> 더욱 신비스러운 것이로다.
> ─「초토의 시·11 - 적군 묘지 앞에서」부분(제2연)

주목되어야 할 연대기적 정보는 이 작품의 출간 시기가 1956년이라는 점이다. 구상은 1952년부터 1956년까지 현재 대구가톨릭대학교로 통합된 효성여자대학교에서 문리과대학 부교수로 재직한 바 있다. 그렇다면 『초토의 시』 연작은 그의 종군 체험과 더불어 다부동 전투와 같은 격전의 흔적이 고스란히 남아 있던 대구와 칠곡 등 그 주변 지역에서의 생활이 바탕이 되었음을 추정해 볼 수 있다.

짐작하건대 무너진 건물과 부서진 잔해들이 여기저기 나뒹굴고, 전사자와 부상병과 그 유가족의 비탄이 끊이지 않는 혼란 속에서 그는 "죽음은 이렇듯 미움보다도 사랑보다도 / 더욱 신비스러운 것"이라고 표현했다. 살아서 나와 나의 가족과 나의 친구들을 죽이고 죽인 적들의 "썩어 문드러진 살덩이와 뼈를 추려" 양지바른 두메에 떼까지 입혀 묻어주기에 1956년은 너무 이른 시간이었다.

구상의 '생성'과 '긍정'의 비대립적 시 세계를 대표하는 작품 가운데 하나이므로 여기에 전문을 다시 인용한다.

> 오호, 여기 줄지어 누웠는 넋들은
> 눈도 감지 못하였겠구나.
>
> 어제까지 너희의 목숨을 겨눠
> 방아쇠를 당기던 우리의 그 손으로
> 썩어 문드러진 살덩이와 뼈를 추려
> 그래도 양지 바른 두메를 골라
> 고이 파묻어 떼마저 입혔거니

죽음은 이렇듯 미움보다도 사랑보다도
더욱 신비스러운 것이로다.

이곳서 너와 너희의 넋들이
돌아가야 할 고향땅은 30리면
가로막히고
무주공산無主空山의 적막만이
천만 근 나의 가슴을 억누르는데

살아서는 너희가 나와
미움으로 맺혔건만
이제는 오히려 너희의
풀지 못한 원한이
나의 바람 속에 깃들어 있도다.

손에 닿을 듯한 봄 하늘에
구름은 무심히도
북으로 흘러가고
어디서 울려오는 포성 몇 발
나는 그만 은원恩怨의 무덤 앞에
목놓아 버린다.
　　　―「초토의 시·11 - 적군 묘지 앞에서」 전문

「초토의 시」 연작은 모두 15편으로 이루어져 있다. 도처에 미만한 전쟁으로 인한 상처가 시편마다 등장한다. 1편에는 "판잣집 유리딱지에 / 아이들 얼굴이 / 불타는 해바라기마냥 걸려 있"는 모습이 나오고, 2편에는 어느 흑인 병사의 아이인 듯 '흑요석黑曜石' 같은 '검둥애'를 데리고 열차를 탄 아낙네의 피곤한 몰골이 나온다. 4편에는 "이 눈물 나는 족속들은 땅으로 땅으로 떨어져가만 가는 고개를" 안타까이 바라보는 시선이 나오고, 12편에는 "빛 속에서 어둠이 스러"지기를 바라는 열망이 나온다. 그리고 마침내 15편에서는 "영욕榮辱의 해골마저 타버린 / 폐허 위에다 / 이 봄에도, 우리 모두 / 목숨의 씨를 뿌리자."는 강렬한 청원을 외치고 있다.

> 나 너를 맞노라
> 찢어져 피묻은 가슴
> 조각조각 흔들어
> 나 너를 맞노라
>
> 여기는 나의 원수와
> 원수를 기르는 벗들이
> 마주 서는 곳
> 네가 나를 탓하지 않듯이
> 나도 너를 탓하지 않고
> 너를 세월이라고 맞노라.
> ―「초토의 시·13 - 송영보送迎譜」 부분

여기서도 보이듯이 구상의 비대립적 세계관은 '원수'를 탓하지 않고 '세월'로 맞이한다. "나 너를 맞"는 것은 대칭에서 비대칭으로, 대립에서 비대립으로 인식론적 전환이 이루어질 때 가능한 일이다.

그런데 구상은 적군의 시체를 묻어주고 원수를 세월로 맞아주기만 한 게 아니다. 비록 상대의 남침으로 전개된 동족상잔의 전쟁이었지만, 자신이 그에 대항해 맡았던 일에 대해서도 통렬하게 반성한다.

> 지금 생각하면

브래지어를 차고 여장女裝을 한 것보다
정보수情報手가 된 나의 꼴이 더 우습다.

내가 작성하는 모략선전문謀略宣傳文들을
순정純情의 혈서血書 쓰듯 했다.

그때 내가 가장 미워한 것은
감미로운 서정이요,
자연에의 흥취와 그 귀의였다.
　　―「모과 옹두리에도 사연이·26」 부분

　구상은 '정보수情報手가 된 나'에 각주를 달아 "1949년 육군 정보국의 요청에 의해 연합신문의 문화부장이던 나는 '문총文總'의 파견원으로 소위 HID의 촉탁이 된다."라고 밝혔다. 그가 만일 이원론적 대칭과 대립주의자였다면 이와 같은 반성적 성찰에 도달하지 못했을 터이다. 괴뢰 인민군을 적대시하고 그에 대항하는 '나'에게 윤리적 정당성을 부여한 채 승리의 영광을 노래했을 터이다.
　그러나 이 작품에서 보듯 구상은 정보수가 되었던 자신을 "브래지어를 차고 여장女裝을 한 것보다" 우습다고 밝혔다. 대립의 관점에 갇혀 전공을 내세우는 게 아니라 오히려 모욕적 언사로 자신을 질책함으로써 그는 '어느 한 편'이 아니라 '모두의 편'이 되었다. 이와 같은 성취는 북한의 체제 옹호 시편들이나 남한의 이른바 60~80년대 참여시 계열 작품에서는 볼 수 없는 대긍정의 시적 사유라 할 수 있다.

대전에서 정보부대 정치반원으로 배속되어
공산당들 총살장에 입회를 하고 돌아오다
어느 구멍가게에서 소주를 마시는데

집행리였던 김 하사의 술회,

"해방 전 저는 일본 히로시마廣島에 살았는데
그때 어쩌다 행길에서 동포를 만나면
그렇게 반갑더니, 바로 그 동포를
제 손으로 글쎄, 쏴죽이다니요……
그것도 무더기로 말입니다……
망할 놈의 주의主義…… 그 허깨비 같은
주의主義가 도대체 무엇이길래……
그놈의 주의呪醫가 원숩니다……"
하고 그는 "으흐흐……" 흐느꼈다.

나는 전란戰亂을 치르면서나, 30년이 된 오늘이나
저 김 하사의 표백表白,
"망할 놈의 주의主義…… 그 허깨비 같은
주의主義가 도대체 무엇이길래……
그놈의 주의呪醫가 원숩니다……"

보다 더 또렷한 6·25관을 모른다.
— 「모과 옹두리에도 사연이·27」 부분

  기우일지 모르나 여기서 한 가지 분명히 짚어둬야 할 점은, 적군의 시체를 수습하는 일이나 국군 정보수였던 자신에 대한 반성이 공산주의나 북한 체제에 대한 유화적인 시선이라거나 자유민주주의 체제에 대한 비판이라는 오해로 이어져서는 안 된다는 점이다. 그것은 생성과 긍정의 비대립적 시 세계를 보여준 구상의 시적 사유에 대한 몰지각한 오독을 넘어 민족의 미래를 다시 위험에 빠뜨릴 수 있는 심각한 문제로 이어질 수 있다.

세습 정치체제를 구축하고 전체주의적인 독재를 일삼고 있는 북한을 비판할 수 있는 근거는, 남한 정치사에 명멸한 독재와 반민주를 향해서도 날카로운 직언을 서슴지 않았던 언론인 구상의 비대립적 세계관이 있었다는 사실을 잊어서는 안 될 터이다. 대립의 상관항 가운데 하나를 선택하는 것은 결코 비대립이 아니다. 대립 자체를 소거하는 것이 비대립이며, 구상은 바로 그것을 추구했다.

나는 어디서 날아온지 모르는
메시지 한 장을 풀려고
무진 애를 쓰다 돌아왔다.

…(중략)…

아마 그것은 베트콩이 뿌린
전단傳單인지 모른다.

아마 그것은 나트랑 고아원서 만난
월남 소년의 장난인지 모른다.

아마 그것은 어느 특무기관이
나의 사상을 시험하기 위한
조작인지 모른다.

아마 그것은 로마 교황의
평화를 호소하는
포스터인지 모른다.

아니 그것은 우리의 어느 용사가
남겨 놓고 간 유서인지 모른다.

마치 그것은
흐르는 눈물 모양을 하고 있었다.
　　―「모과 옹두리에도 사연이·71」부분

구상은 베트남전 현장도 찾았다. 많은 수의 작품을 남기지는 않았지만, 이 시편에서 보듯 대립을 무화시키는 시적 경영을 하고 있다. 베트콩↔월남 소년 ↔ 특무기관 ↔ 로마 교황 ↔ 어느 용사의 유서가 열거되면서, 그 지향은 '눈물'로 수렴되고 있다. 한마디로 모두에게 '눈물'이 된 베트남전이라는 전언이 뚜렷이 각인되어 있다. 대립이 야기한 전쟁을 비대립의 눈물로 환기시킨 시적 사유가 예리하다.

까옥 까옥
- 으스스하지?
까옥 까옥
- 한여름인데!
까옥 까옥 까옥
- 시청 옥상에 매가 나타났다며?
까옥 까옥 까옥
- 마구 비둘기를 채간다나 봐.
까옥 까옥 까옥 까옥
　-「까마귀·7」부분

까옥 까옥 까옥 까옥

그대들의 삶이 오늘 이대로 가다가는
김정일의 오판도 하늘이 모른 체하리니
서울이 불바다가 되기를 자초하지 말고
백성들이여! 한시 바삐 회개하라!

까옥 까옥 까옥 까옥
―「까마귀·11」 부분

「까마귀」 연작은 1981년 출간되었다. 까마귀와 매로 상징되는 피해자와 가해자 혹은 약자와 강자의 대립 구도가 보이는 「까마귀·7」과 북한의 김정일에 대비되는 남한의 백성을 지시하는 또 다른 대립 구도가 드러난 「까마귀·11」을 통해 다소 이례적인 발상을 볼 수 있다. 그러나 이들 시편이 단시가 아니라 연작시임을 고려해 작품 전반을 살펴보면 다시 대립의 구도는 무너지고 비대립적 생성과 긍정이 전면화된다. 역시 구상의 시적 터전은 대립과는 무연하다.

주지하다시피 한국 현대 시사에서 구상은 연작시 형식의 개척자로 불리고 있다. 『초토의 시』를 필두로 『밭 일기』, 『그리스도 폴의 강』, 『까마귀』, 『모과 옹두리에도 사연이』, 『유치찬란』 등 다른 시인들과 확연히 구별되는 많은 연작시를 시작 활동 전 기간에 걸쳐 꾸준히 창작했다. 양적으로 방대할 뿐만 아니라 질적으로도 그의 대표작들을 두루 포함하고 있다. 전쟁과 평화의 시편들을 모은 이번 시선집에서도 연작시가 다수를 차지하는 이유는 바로 이 때문이다.

구상은 연작시를 천착하게 된 사연을 다음과 같이 말한 적이 있다.

나 같은 사람은 촉발생심觸發生心이나 응수소매격應酬小賣格인 시를 써 가지고선 도저히 사물의 실재를 파악하지 못할 뿐 아니라 존재의 무한한 다면성이나 복합성을 조명해내지 못하기 때문에 한 제재를 가지고 응시를 거듭함으로써 관입실재觀入實在해 보려는 의도에서였다. 또한 이러한 한 사물이나 존재에 대한 주의집중에서 오는 투철은 곧 모든 사물이나 존재에 대한 투시력을 획득할 수 있으리라는 관점에서였는데 어느 정도 이의 실천에서 자기 나름의 성과를 거두었다고 생각한다.
　　　—『말씀의 實相』 중에서

　요컨대 존재의 무한한 다면성과 복합성을 조명해내기 위하여 한 제재 자체를 깊이 있게 응시하는 과정에서 자연히 연작시에 집중하게 되었고, 이를 통해 "모든 사물이나 존재에 대한 투시력을 획득할 수 있"었다는 발언이다. 스토아주의 이래 면면히 이어진 일의적 사유를 목적의식을 가지고 시화했다는 고백이다. 하나-여럿이 무한히 접히고 펼쳐지고 되접히는 노마드적 존재론을 구상은 명확히 인식하고 있었다.
　이번에 발간되는 시선집은 구상의 다면성과 복합성 가운데 전쟁과 평화를 제재로 한 작품들로 구성되었다. 물론 그의 시 세계 전반은 생성과 긍정의 비대립적 지평 위에 있으나, 제재의 맥락에서 독자들의 이해를 돕기 위해 선별되었다는 의미이다.
　그런 점에서『구상 시인의 전쟁과 평화의 시 - 적군 묘지 앞에서』는 우선 직접적으로 전쟁과 평화를 표상하는 작품들을 통해 그의 반전 평화 사상을 이해할 수 있을 터이며, 다음으로는 개인사에 투영된 민족의 디아스포라 속에서도 그가 전 생애에 걸쳐 추구한 형이상학적 사유와 대긍정의 시적 실천의 뿌리를 알 수 있겠다.
　이를 통해 독자들은 민족 수난기에 태어나 문화 융성기에 세상을 떠난 한 세대 가운데에서 구상이 차지하는 문학사적 성취가 자기 시대의 한계를 뛰어넘는 것이었음을 확인할 수 있을 것이다.

제4부 - 소논문

구상 시에 나타난 가톨리시즘적 일원론

차례

1. 서론
2. 대긍정을 통한 부활의 의지
3. 일의적 존재론과 고독의 심화
4. 휴머니티와 진실의 지향
5. 결론

〈국문초록〉

구상은 1919년 서울에서 태어나 2004년 작고하였다. 일생을 시인이자 교육자, 언론인으로 살며 한국 현대시사에 가톨리시즘을 바탕으로 한 시적 사유와 형이상학적 존재론, 휴머니티의 실천이라는 시적 변주를 통해 뚜렷한 문학적 성과를 남겼다.

이러한 구상의 시 세계에 대한 학문적 접근이 다소 빈약한 가운데 최근의 연구 경향은 대체로 문학이론의 내적 방법론에 따라 구조주의 혹은 탈구조주의적 작품 분석에 집중하거나, 윤리의식과 가톨릭 세계관에 주목한 경우가 많았다. 또한 『응향』 필화 사건이나 「그리스도 폴의 강」, 「밭 일기」 등 주목되는 연작시에 대한 개별적인 접근도 있었다.

이와 같은 연구 경향은 크게 세 가지 관점에서 아쉬움을 남긴다. 우선,

구상의 시 세계를 작품론적 관점에서 종합하지 못한 점이다. 둘째, 일제강점기에 태어나 한국전쟁과 5·16 등 한국현대사의 굴곡을 체험하면서 시인, 교육자, 언론인으로 생활한 그의 삶을 작가론적 관점에서 입체화시키지 못한 점이다. 셋째, 구상의 시적 사유의 근원이라고 할 수 있는 가톨리시즘과 시적 실천의 제반 양상을 일관된 시적 논리계 안으로 정립시키지 못한 점이다.

본고는 이상과 같은 연구 흐름을 참조하면서 구상의 시적 사유와 그 변주 양상에 주목해 보고자 한다. 그동안 부분적이고 열거주의적인 방식으로 접근한 태도를 벗어나 구상의 시적 사유를 가톨리시즘을 근간으로 한 일원론으로 정리하고, 그 토대 위에서 대긍정을 통한 부활의 의지, 일의적 존재론과 고독의 심화, 휴머니티와 진실의 지향 등이 변주되어 나타난 것으로 보았다. 이를 통해 구상의 내면 풍경과 정신의 경계를 연역해낼 수 있다면, 작품론적 종합과 작가론적 입체화를 시도해 볼 수 있을 것으로 기대해 보았다.

* 주제어 : 구상, 가톨리시즘, 형이상학, 존재론, 일원론, 휴머니티.

1. 서론

구상은 1919년 서울에서 태어나 2004년 작고하였다. 일생을 시인이자 교육자, 언론인으로 살며 한국 현대시사에 가톨리시즘을 바탕으로 한 시적 사유와 형이상학적 존재론, 휴머니티의 실천이라는 시적 변주를 통해 뚜렷한 문학적 성과를 남겼다. 그는 해방 전 〈북선매일신문〉 기자 생활을 하면서 지방지에 작품을 발표하고 동인 활동을 하면서 시인으로서의 삶을 시작했으나,[1] 1946년 북한 원산 문학가동맹의 시집 『응향凝香』 필화 사건

---

[1] 구상, 「시집 『응향凝香』 필화 사건 전말기顚末記」, 『시와 삶의 노트』(구상문학총서 제6권), 홍성사, 2007(초판 1쇄), 164쪽

으로 월남하여 한국전쟁 기간 동안 종군작가단의 중심적 역할을 하며 시인으로서 본격적인 활동을 펼쳤다.

1951년 첫 시집 『구상』 발간 이후 시선집과 전집을 제외하고도 신작 시집과 신앙 시집을 묶어 10여 권이 넘는 창작 시집을 냈으며 수필집, 수상집, 자전 시문집, 서간집 등도 10여 권 넘게 상재하였다. 또한 영국, 독일, 프랑스, 일본, 이탈리아어로 번역한 시집을 포함해 시선집, 시화집을 발간하는 등 광범위하게 활약했다. 서울시 문화상, 대한민국 문학상 본상, 대한민국 예술원상을 수상했으며 금성화랑 무공훈장, 국민훈장 동백장, 금관문화훈장을 수훈하기도 했다.

그는 교육자이기도 하였다. 1949년 서라벌예술대학 전신인 서라벌예술학원 강사를 시작으로 2000년 중앙대학교 예술대학 및 대학원 대우교수[2]까지 51년 동안 문학과 시를 가르쳤다. 효성여자대학교(1952~1956), 서울대학교(1956~1957), 서강대학교(1960~1961), 하와이대학교(1970~1974), 가톨릭대학교(1973~1975) 등 많은 대학에서 강의했다. 구상은 교육자로서 한국 현대문학의 인재 양성에 크게 이바지하였다.

또한 구상은 언론인이기도 했다. 1942년 〈북선매일신문〉 기자를 시작으로 1965년 〈경향신문〉 논설위원 겸 동경지국장을 역임하기까지 20년 이상 현역 언론인이었다. 이들 두 매체 외에도 〈연합신문〉 문화부장(1948~1950)과 〈승리일보〉 주간(1950~1953), 〈영남일보〉 주필 겸 편집국장(1953~1957) 등으로 일하며 일선 기자만 아니라 소속 매체의 취재 전략과 논조까지 결정할 수 있는 비중 있는 역할을 수행했다.

다채로운 구상의 연보에서 특별히 주목되는 점은 1938년 함경남도 덕원군 성 베네딕도 수도원 부설 신학교 중등과를 수료한 사실이다. '세례자 요한'이라는 세례명을 가진 가톨릭 신자로서 사제가 되기로 작정했던 점은

---

[2] "전임교수가 되지 않은 것은 2차의 폐수술로 정규 강의를 못 하고 1주 4시간만 하였기 때문임." 구상, 앞의 책, 381쪽.

그의 시 세계를 파악하는 데 중요한 고려 사항이다. 또 니혼대학 전문부 종교과를 졸업한 것도 그의 시에 보이는 사유와 미의식을 이해하는 데 중요한 연대기적 정보라 할 수 있다. 그 밖에도 그의 가정은 독실한 가톨릭 신자 집안으로 성장기 구상의 내면 형성에 큰 영향을 주었다.[3]

이러한 그의 시 세계에 대한 접근이 다소 빈약한 가운데 최근 연구 경향은 대체로 구조주의 혹은 탈구조주의적 작품 분석에 집중하거나, 윤리의식과 가톨릭 세계관에 주목한 경우가 많았다.[4]

그러나 과소한 대로 학계와 평단의 꾸준한 접근이 있어 왔다. 김윤식은 "시인과 일상인과 신앙인을 분리하지 않고, 한꺼번에, 온몸으로 밀고 나가는 전인적 실존으로서의 시인으로 바라보는 좌표축을 필요로 한다."면서 구상의 시 세계를 '신현실주의'로 명명한 바 있다. 그는 "한편으로는 현대시의 심층부인 초현실주의 단계를 거치고, 다른 한편으로 정치적 참여적 사회주의적 현실주의 단계를 넘어선 자리에서, 즉, 위의 두 가닥을 함께 넘어선 자리에서 이 두 가닥을 통합하여 새로운 출발점으로 삼는 것"으로 보았다.[5] 또 「그리스도 폴의 강」에 주목한 홍신선은 "초월의 공간을 지향하는, 한 시인의 뛰어난 상상력을 보여준다."면서 '현재 하나만으로 존재하는 시간'이라는 가톨리시즘의 '영원한 현재'를 드러내고 있다고 주장했다.[6] 홍신선은 구상의 시적 사유를 '초월성'이라는 관점에서 이해하고자 했다.

---

[3] 부친 구종진은 프란치스코, 모친 이정자는 마리아, 형 구대준은 가브리엘이라는 세례명을 쓰는 가톨릭 신자였다. 특히 대준은 덕원군 성 베네딕도 수도원 부설 신학교를 졸업해 신부가 되었으나, 1949년 북한 치하의 원산 수녀원에서 체포돼 1950년 6월 25일 이후 행방불명되어 평양인민교화소에서 순교했다. 배봉한, 「삶을 노래한 구도 시인」, 한국천주교 평신도사도직단체협의회 엮음, 『불꽃이 향기가 되어』(제2권), 도서출판 으뜸사랑, 2017, 20-23쪽.

[4] 「其常 詩의 탈구조주의적 연구 : 기표, 주체, 담론을 중심으로」(최도식 박사학위논문), 「구상 시의 타자윤리 연구」(권영옥 박사학위논문), 「구상 시에 나타난 악에 대한 인식과 숭고 정신 연구」(이찬희 석사학위논문), 「구상 시의 구조 연구」(안지은 석사학위논문), 「가톨릭시즘의 時 연구 : 정지용·구상·김남조·최민순·이해인 중심으로」(엄미라 석사학위논문) 등이 있다.

[5] 김윤식, 「신현실주의 시론 - 구상론」, 『근대시와 인식』, 시와시학사, 1992, 192~193쪽.

[6] 홍신선, 「초월과 물의 시학」, 『상상력과 현실』, 인문당, 1990, 88~89쪽.

그런 가운데 구상의 시 세계를 문학사적 맥락에서 의미화하려는 조창환의 연구는 주목되는 성과라고 할 수 있다. 그는 "예술적이기보다 철학적"이라면서 먼저 그 형식적 특성에 주목했다. 구상 시가 아어체雅語體를 버리고 일상어를 주로 사용한 것은 미적 구조물로서의 예술적 완성도를 추구하기보다 존재의 본질을 탐구하는 철학적 메시지를 담고자 한 것으로 분석했다. 또 구상을 『초토의 시』, 『동심초』, 『까마귀』, 『밭 일기』, 『그리스도 폴의 강』, 『모과 옹두리에도 사연이』 등을 통해 한국시사에서 연작시 형식의 개척한 시인으로 평가했다.[7]

이러한 분석을 통해 조창환은 "한국시에서 보기 드문 철학적 사색가의 정신적 궤적을 시를 통해 드러내고 지성적 교양을 바탕으로 시인의 역사적 책무를 문학을 통하여 구현한 점과 영혼의 구원을 완성하기 위한 사제적 수행자의 모습을 실천한 구상 문학의 특성은 소중한 자산으로 남는다."면서 문학사적 의의를 다음과 같이 정리했다. 첫째, 「초토의 시」로 대표되는 휴머니즘 시로 1950년대 전후문학의 독자적 영역을 개척했다. 둘째, 역사적 자아의 책임을 각성하고 예언자적 지성으로 시대의 모순을 날카롭게 꾸짖었다. 셋째, 윤리적 절대선을 추구하며 형이상학적 사색의 과정을 거쳐 인간 실존의 본질을 성찰했다. 넷째, 한국시에서 소홀히 하는 종교적 신성성을 실현한 점과 연작시의 양식을 확립했다.[8]

이밖에도 「수난의 장」부터 「초토의 시」까지 초기 시에 집중한 곽효환, 최라영, 정금철 등의 연구[9]를 통해 「초토의 시」가 구상의 시 세계에서 차지하

---

7 "한 편의 시로 소화하기에는 지나치게 무겁고 큰 메시지를 그의 시에 담으려는 의지를 가지고 있었기 때문이다." 조창환, 「구상 시의 전개와 문학사적 의의」(제3부), 『한국 현대시의 분석과 전망』, 한국문화사, 2010, 200~202쪽.

8 조창환, 앞의 글, 226쪽.

9 곽효환, 「구상의 초기 시 연구 - 「수난의 장」에서 「초토의 시」까지」, 『한국시학연구』(제59호), 한국시학회, 2019; 곽효환, 「구상의 「초토의 시」 연구」, 『동아시아문화연구』(제79집), 한양대 동아시아문화연구소, 2019; 정금철, 「전쟁 체험과 불안의 시적 형상화 - 구상의 초기시를 중심으로」, 『어문연구』(제34권 제1호), 한국어문교육연구회, 2006; 최라영, 「구상 초기 시 연구 - 「수난의 장」, 「여명도」, 「초토의 시」 연작을 중심

는 위상과 의미를 짐작해 볼 수 있다. 또한 『응향』 필화 사건이나 「그리스도 폴의 강」, 「밭 일기」 등 주목되는 연작시에 대한 개별적인 접근,[10] 가톨리시즘(catholicism)적 세계관에 주목한 논급들은 지속되고 있다.[11]

이와 같은 연구 경향은 크게 세 가지 관점에서 아쉬움을 남긴다. 우선, 구상의 시 세계를 작품론적 관점에서 종합하지 못한 점이다. 둘째, 일제강점기에 태어나 한국전쟁과 5·16 등 한국 현대사의 굴곡을 체험하면서 시인, 교육자, 언론인으로 생활한 그의 삶을 작가론적 관점에서 입체화시키지 못한 점이다. 셋째, 구상의 시적 사유의 근원이라고 할 수 있는 가톨리시즘과 시적 실천의 제반 양상을 일관된 시적 논리계 안으로 정립시키지 못한 점이다.

본고는 이상과 같은 연구 흐름을 참조하면서 구상의 시적 사유와 그 변주 양상에 주목해 보고자 한다. 그동안 가톨릭 세계관, 휴머니티, 애민 정신, 역사의식과 사회적 책임 등 부분적이고 열거주의적인 방식으로 접근한 태도를 벗어나 구상의 시적 사유를 가톨리시즘을 근간으로 한 일원론[12] 으로 정리하고, 그 토대 위에서 대긍정을 통한 부활의 의지, 일의적 존재론[13] 과 고독의 심화, 휴머니티와 진실의 지향 등이 변주되어 나타난 것으로 보았

으로」, 『우리말글』(제26권), 우리말글학회, 2002.

10 박민규, 「응향 사건의 배경과 여파」, 『한민족문화연구』(44집), 한민족문화학회, 2013; 고형진, 「폐허 위에 가꾼 언어의 정원」, 『전후 휴머니즘의 발견, 자존과 구원』, 2019 탄생 100주년 문학인기념문학제 심포지엄 발제문, 대산문화재단·한국작가회의, 2019; 홍신선, 「초월과 물의 시학」, 『상상력과 현실』, 인문당, 1990.

11 구중서는 구상의 가톨리시즘적 세계관에 대해 "말씀이 하느님이며 동시에 그리스도라는 인식은 그리스도교의 핵심 교리인 삼위일체 신앙의 전통에 근거해 있다. 우리를 존재하게 하는 존재인 '말씀'은 우리의 행위에 대한 보답이나 기도에 대한 응답으로 우리를 보살피거나 구원해주는 것이 아니다. 구원은 하느님이 인간을 사랑하기 때문에 베푸는 은총이며 은혜다."라고 했다. 구중서, 「존재와 의미의 문학」, 『한국가톨릭문학』(창간호, 봄호), 문학수첩, 2013. 이밖에 오정국과 안수환 등의 연구도 있다. 오정국, 「구상 시의 가톨리시즘 담론」, 『야생의 시학』, 시인동네; 2019, 안수환, 「구상문학과 신의 존재」, 『한국문학』(10월호), 1984.

12 가톨리시즘의 일원론은 존재자는 하느님의 피조물이라는 창조설에서 기인한다. 원인은 모두 하느님이라는 '제일원리론'이다.

13 가톨리시즘이 말하는 일의적 존재론은 모든 피조물의 원인은 하나이지만, 결과는 무한한 양태로 나타난다는 지체론에서 비롯된다.

다. 이를 통해 구상의 내면 풍경과 정신의 경계를 연역해 낼 수 있다면, 작품론적 종합과 작가론적 입체화를 시도해 볼 수 있을 것이다.

2. 대궁정을 통한 부활의 의지

가톨리시즘을 다른 종교나 철학, 이념으로부터 구별 짓는 것은 쉬운 일이 아니다. 어느 종교도 인간이 보편적으로 추구해야 할 가치를 부정하지 않으며, 어느 철학이나 이념도 인간에게 위해를 가하는 목표를 제시하지 않기 때문이다. 사랑과 우정과 평화의 메시지를 던지지 않는 종교와 철학은 없다.

육화(Incarnation)는 하느님께서 인간을 위해 '사람의 아들'로 태어난 사건으로 가톨릭과 다른 종교를 구별하는 가장 특징적인 장면이다. 미국 로스앤젤레스 교구의 보좌주교인 신학자 로버트 배런은 '말씀이신 하느님'이 '이 세상'에 온 '사건'(육화)을 가톨리시즘의 가장 큰 원칙이라고 주장한 바 있다.[14] 그는 또 교부들은 "하느님이 사람이 되신 것은 사람이 하느님이 되게 하려 하심이다"(Deus fit homo ut homo fieret Deus)[15]라고 가르쳤다면서, 육화는 인간의 신화神化를 가능케 하는 조건이라고 했다. 하느님이 자신을 낮추어 인간이 되었듯이 인간의 몸도 하느님의 생명을 나누어 받으며 성부와 성자와 성령의 일치를 이루는 삶을 통해 신화할 수 있다는 생각이다.

청년들을 대상으로 한 공식 교리서에도 "'강생'은 하느님이 예수 그리스도 안에서 인간이 되셨다는 뜻으로, 그리스도교 신앙의 토대이자 인간 구원이라는 희망의 토대"[16]라고 밝히고 있다. 눈으로 볼 수 없는 하느님을 예수 그리스도를 통해 볼 수 있게 함으로써 인간에 대한 당신의 사랑이 얼

---

[14] "말씀이신 하느님께서는 그 정신으로부터 나와 존재하게 된 온 우주처럼, 멀리 하늘에 떨어져 계신 것이 아니라 바로 이 세상에 오셨습니다." 로버트 배런, 전경훈 옮김, 『가톨리시즘』, 생활성서, 2019(1판 1쇄), 18쪽.
[15] 로버트 배런, 앞의 책, 21쪽.
[16] 오스트리아 주교회의, 최용호 옮김, 『YOUCAT - 가톨릭 청년 교리서』, 가톨릭출판사, 2014(초판 11쇄), 29쪽.

마나 깊은지 나타냈다는 것이다. 그런 점에서 육화 혹은 강생은 확실히 가톨릭과 다른 종교를 구별하는 특징적 요소라고 할 수 있다.

사람의 모습으로 태어난 하느님인 예수는 죄를 제외하고는 인간과 모든 면에서 똑같은 삶을 살았다. 먹고 마시고 일하고 기도하는 삶을 통해 사람 속에서 사람의 구원을 추구하였다. 그러나 아무런 죄가 없는 예수는 '유다인의 왕'(INRI, Jesus Nazarenus Rex Judaeorum)이라는 부당한 죄목을 뒤집어쓰고 십자가에 못 박혀 죽임을 당했다. 물론 스스로 예고한 일이었다. 그리고 예수는 사흘 만에 부활했다.

이처럼 가톨리시즘의 본질을 이루는 육화와 죽음과 부활은 14연 60행에 이르는 「나자렛 예수」에 특유의 어법과 언술로 나타난다. 분량을 고려해 의미 단락을 나누어 본다면, 예수의 육화와 죽음에 관한 내용은 두 번째 연에 있다.

    나자렛 예수!
    당신은 과연 어떤 분인가?

    마구간 구유에서 태어나
    강도들과 함께 십자가에 못 박혀 죽은
    기구망측한 운명의 소유자,
        ―「나자렛 예수」 부분(1~2연)

"예수님께서는 헤로데 임금 때에 유다 베들레헴에서 태어나셨다."(마태 2,1) 경배를 위해 동방박사들은 헤로데에게 예수가 어디에 있는지 물었고, 그러자 그 아이를 찾아 죽이려고 하였다. 이에 천사가 요셉에게 아기를 데리고 이집트로 피신할 것을 권했고, 헤로데가 죽을 때까지 기다렸다가 이

스라엘에 돌아와 정착한 곳이 나자렛[17]이었다. 예수는 말구유라는 가장 낮은 곳에서 요셉의 아내 동정녀 마리아에게서 태어났다. 그리고 부당한 죄목으로 십자가형에 처해질 때 예수 좌우에는 강도들이 있었다. 예수는 강도들과 같은 잡범 취급 끝에 죽임을 당했다.

구상이 예수의 탄생에서 본 것은 '구유'라는 비천함의 상징이고, 죽음에서 본 것은 '강도들과 함께'라는 비천함의 상징이다. 때문에 "기구망측한 운명의 소유자"라 할 수 있었다.

집도 절도 없이 떠돌아다니며
상놈들과 창녀들과 부역자들과
원수로 여기는 딴 고장치들과
어울리며 먹고 마시기를 즐긴 당신,

가난한 사람들에게
굶주린 사람들에게
우는 사람들에게
의로운 일을 하다 미움을 사고
욕을 먹고, 쫓기고
누명을 쓰는 사람들에게

'행복한 사람은 바로 당신들'이라고
'하느님 나라는 바로 당신들 차지'라고
엄청난 소리를 한 당신,

소경을 보게 하고

---

[17] "그는 나자렛 사람이라고 불릴 것이다."(마태 2,23)

귀머거리를 듣게 하고
앉은뱅이를 걷게 하고
문둥이를 말짱히 낫게 하고
죽은 사람을 살려내고도

스스로의 말대로
온 세상의 미움을 사고
욕을 먹고, 쫓기다가
마침내 반역자란 누명을 쓰고
볼꼴 없이 죽어 간 철저한 실패자,
— 「나자렛 예수」 부분(3~7연)

  3연부터 7연까지는 예수의 삶을 개괄한다. 예수는 공생활 3년 반 동안 집도 절도 없이 떠돌아다녔으며, 상놈과 창녀들과 부역자들과 딴 고장치들과 어울려 '하느님 나라'에 이르는 길을 가르쳤다. 또 마음이 가난한 사람들, 슬퍼하는 사람들, 온유한 사람들, 의로움에 주리고 목마른 사람들, 자비로운 사람들, 마음이 깨끗한 사람들, 평화를 이루는 사람들, 의로움 때문에 박해받는 사람들을 일일이 호명하며 '하늘나라가 그들의 것'이라고 외쳤다.[18] 이와 같이 예수의 생활 자체를 시의 전면에 배치함으로써 그의 삶과 정신이 곧 시적인 것으로 상승되는 효과를 주고 있다. 일종의 열거법이자 점층법이라고 할 수 있다.

  예수는 또 눈먼 이들이 다가와 청하자 그들의 눈을 열어주었고(마태 9,27~30), 귀먹고 말 더듬는 이가 찾아오자 귀를 열고 묶인 혀가 풀리도록 해주었다(마르코 7,31~35). 다리 저는 이들을 걷게 하고, 나병 환자들을 깨끗하게 하고, 죽은 이들을 되살려낸 다음 "나에게 의심을 품지 않는 이는 행

---

18 마태오복음 5장 3절부터 12절까지의 내용.

복하다"고 선언했다(루카 7,21~23). 예수는 결국 유다인들의 수석 사제들과 율법 학자들의 광범위한 미움을 사 죽임을 당했다. 구상은 "마침내 반역자란 누명을 쓰고 / 볼꼴 없이 죽어 간 철저한 실패자"라고 했다.

이러한 예수의 행동을 인간 사랑으로 해석하고 그것을 따라 가톨릭교회의 사회 교리가 정립되었다. 인간은 공동체를 이루어 살아가는 철저하게 사회적 존재이며, 그로 인해 '정의로운 질서'를 구축해 '사랑의 완성'을 추구해야 한다. 그것이 예수의 행동에서 깨달을 수 있는 바다.[19] 구상이 예수의 공생활을 상세히 열거한 것은 그가 인식하고 있는 가톨리시즘의 사회적 가치가 무엇인지를 표상한다고 하겠다.

그런데 예수는 자신의 죽음을 여러 차례 예고했을 뿐만 아니라 그렇게 죽어 가야만 한다고 강조했다. "이제 되었다. 시간이 되어 사람의 아들은 죄인들의 손에 넘어간다"(마르코 14,41) 그렇다면 예수의 죽음은 실패가 아니라 성공이다. 그럼에도 구상은 "철저한 실패자"로 말함으로써 죽음의 역설적 의미를 강화하는 한편, 다음 연에 나타나는 자신의 신앙(믿음) 생활에 구체성을 부여한다.

> 내가 탯줄에서 떨어지자 맺어져
> 나의 삶의 바탕이 되고, 길이 되고,
> 때로는 멀리하고 싶고 귀찮게 여겨지고,
> 때로는 좌절과 절망까지 안겨 주고,
> 때로는 너무나 익숙하면서도
> 생판 낯설어 보이는 당신,
> 당신의 참모습은 과연 어떤 것인가?
> ―「나자렛 예수」부분(8연)

---

[19] YOUCAT재단, 김선태 옮김, 『DOCAT - 무엇을 할 것인가』, 가톨릭출판사, 2016(초판1쇄), 38쪽.

가톨릭 신자인 부모의 신앙고백에 따라 젖먹이에게 베푸는 세례를 유아세례라고 한다. 이를 통해 구상은 유아세례를 받았으며, 아주 어릴 때부터 가정 안에서 풍부한 가톨릭의 영향력 속에서 성장했음을 알 수 있다. 그의 형은 신부였으며, 자신도 함경도 덕원에 있던 성 베네딕도 수도원 부설 소신학교小神學校에 들어가 공부한 바 있다. 주목되는 점은 "때로는 멀리하고 싶고 귀찮게 여겨지고"처럼 자신의 신앙생활을 솔직하게 드러낸 표현이다. 예수는 때로 좌절과 절망까지 안겨주었고, 때로 너무 익숙하면서도 낯설기도 했지만, 구상은 평생 '세례자 요한'이라는 세례명으로 살며 가톨릭 신자로서의 삶에 충실했다.

연이어 "당신의 참모습은 과연 어떤 것인가?"라는 근원적 질문을 던지며 그 답을 찾는다.

> 당신은 사상가가 아니었다.
> 당신은 도덕가가 아니었다.
> 당신은 현세의 경륜가가 아니었다.
> 아니, 당신은 종교의 창시자도 아니었다.
>
> 그래서 당신은 어떤 지식을 가르치지 않았다.
> 당신은 어떤 규범을 가르치지 않았다.
> 당신은 어떤 사회혁신운동을 일으키지 않았다.
> 또한 당신은 어떤 해탈을 가르치지 않았다.
>
> 한편 당신은 어느 누구의 과거 공적이 있고 없고를 따지지 않았고
> 당신은 어느 누구의 과거 죄악의 많고 적음을 따지지 않았고
> 당신은 실로 이 세상 모든 사람의 생각이나 말을 뒤엎고
> '고생하고 무거운 짐을 지고
> 허덕이는 사람은

다 내게로 오라,
내가 편히 쉬게 하리라'고
고통 받는 인류의 해방을 선포하고

다만, 하느님이 우리의 아버지시오,
그지없는 사랑 그 자체이시니
우리는 어린애처럼 그 품에 들어서
우리도 아버지가 하시듯 서로를 용서하며
우리도 아버지가 하시듯 다함없이 사랑할 때

우리의 삶에 영원한 행복이 깃들고
그것이 곧 〈하느님 나라〉라고 가르치고
그 사랑의 진실을 목숨 바쳐 실천하고
그 사랑의 불멸을 부활로써 증거하였다.
　　　　　　　―「나자렛 예수」 부분(9~14연)

　예수는 사상가나 도덕가가 아니었다. 세속의 경륜가도 아니었고 종교의 창시자도 아니었다. 지식을 가르치지 않았고, 규범을 제시하거나 사회운동을 일으키지도 않았다. 공적을 따지지 않았고, 죄악을 따지지 않았다. 그러나 "세상 모든 사람의 생각이나 말을 뒤엎"어 버렸다. 시는 '~아니다', '~않다'라는 서술어로 무려 10행을 끌어가면서 예수의 참모습이 무엇인지 드러낸다. 예수는 '고통받는 인류'의 해방을 선포한 이다. 성경 구절을 그대로 원용하면서 마지막 연에 이르기까지 예수의 참모습을 정의해 나간다. 예수는 '깃들고', '가르치고', '실천하고', '증거한' 사람의 아들이다. 그는 '사랑의 진실'에 목숨을 바치고, '사랑의 불멸'을 부활로써 증거한 이다.
　「나자렛 예수」는 가톨릭 교리에 충실한 내용으로 구성되었다. 예수의 삶을 '육화와 죽음과 부활'이라는 세 마디로 정리하고, 그러한 삶이 결국 인간의 구원을 위한 것이었음을 드러냈다. 구상은 시를 통해 가톨리시즘의 본질에 대해 궁구하면서 자신의 삶을 그에 부합하도록 다그쳤다. 가톨리시즘과 시적 사유를 일치시키고, 시적 사유와 삶을 일치시키려는 노력으로 일관했다.

이러한 일관성은 결국 대긍정을 통한 일원론적 사유로 이어졌다. 구상의 두 번째 시집 『초토의 시』는 15편의 연작으로 이루어져 있다.[20] 편마다 한국전쟁과 전후의 피폐한 사회상을 사실적 표현으로 기록했는가 하면, 이념적 대립과 패권주의적 국제질서의 희생물인 동족상잔에도 불구하고 대립을 넘은 대긍정을 보여줌으로써 한국 현대시를 대표하는 명편 가운데 하나로 자리 잡았다.

「초토의 시」에 대해서는 꽤 많은 논자의 연구가 수행된 바 있다. 곽효환은 시편들이 "독립된 내용과 형식을 갖추고 있"다면서 "초토가 된 세계에서 인간 내면의 강인한 생명력과 희망을 찾아내고 이를 기독교적인 윤리의식과 휴머니즘으로 형상화하고 있다."[21]고 평가했다. 그는 특히 「초토의 시」가 여러 번 개작된 사실에 데 주목하여 그 양상과 의의를 정리하기도 했다.[22] 오정국은 "역사의식을 바탕으로 시대 현실을 담아낸 시"라면서 이를 구상 시 세계의 세 가지 측면 가운데 하나로 꼽았다. 그는 구상을 (1) 역사의식을 바탕으로 시대 현실을 담아낸 시, (2) 형이상학적 관점으로 인간의 실존을 탐구한 시, (3) 가톨릭 세계관을 구현하려는 종교적 신앙시 등의 측면을 드러낸 시인으로 보았다.[23]

---

20 구상은 1952년부터 1956년까지 "현재 대구가톨릭대학교로 통합된 효성여자대학교에서 문리과대학 부교수"로 재직한 바 있다. 『초토의 시』는 그의 종군 체험과 더불어 휴전 후에도 다부동 전투 등 격전의 흔적이 고스란히 남아 있던 대구와 왜관 등에서의 생활이 제재가 되었을 것이다. 배봉한, 앞의 글, 43쪽 및 51쪽 참조.

21 곽효환, 「구상의 '초토의 시' 연구」, 『동아시아문화연구』(제79집), 2019, 13쪽.

22 이밖에도 「초토의 시」 개작 양상에 대해서는 최도식의 논문을 참고할 수 있다. 최도식, 「「초토의 시」의 개작 양상 연구」, 『한국문학이론과비평』(제10권 제3호), 한국문학이론과비평학회, 2006.

23 오정국, 앞의 책, 71쪽.

또 김석준은 "사산된 이데올로기가 만든 비극성을 예의 주시하면서, 더 이상 숭고한 것으로 존재할 수 없는 파편화된 이념의 언저리를 포월의 정신성으로 승화시킨 영혼의 산물"일지 모른다면서 "이념은 즉자적 실존의 문제를 넘어서지 못할 뿐만 아니라, 모든 비극의 원인이자, 민족의 분열을 획책하는 사악 그 자체를 지시하고 있다."[24]고 했다. 이숭원도 "인간 본능의 밑바닥까지 목격한 그의 전쟁 체험은 단순한 월남 실향민의 시선을 넘어서서 더 깊은 차원에서 인간의 삶을 조망할 수 있는 기회를 마련해 주었다."면서 "초토의 비극성에 머물지 않고 거기서 새로운 휴머니즘의 기틀을 발견"한 작품으로 보았다.[25]

이처럼 「초토의 시」 연작은 많은 논자들이 주장한 바와 같이 '기독교적인 윤리의식과 휴머니즘'의 측면에서 구상의 대표작으로 꼽힐 뿐 아니라 한국 현대시사에서 전후 시의 명편으로 평가받고 있다. 특히 제11편 '적군 묘지 앞에서'는 가톨릭 세계관에 입각해 대긍정의 일원론적 사유 보여주는 성과로 세밀한 분석을 필요로 한다.

  오호, 여기 줄지어 누웠는 넋들은
  눈도 감지 못하였겠구나.

  어제까지 너희의 목숨을 겨눠
  방아쇠를 당기던 우리의 그 손으로
  썩어 문드러진 살덩이와 뼈를 추려
  그래도 양지 바른 두메를 골라
  고이 파묻어 떼마저 입혔거니
  죽음은 이렇듯 미움보다도 사랑보다도

---

24 김석준, 「비극적인 역사의 유미적 승화」, 『공감, 실재에 이르는 길』, 나무와숲, 2021, 52쪽.
25 이숭원, 「인간주의적 전망의 시적 형상화」, 『구도 시인 구상 평전』, 분도출판사, 2019, 118쪽.

더욱 신비스러운 것이로다.

이곳서 너와 너희의 넋들이
돌아가야 할 고향땅은 30리면
가로막히고
무주공산無主空山의 적막만이
천만 근 나의 가슴을 억누르는데

살아서는 너희가 나와
미움으로 맺혔건만
이제는 오히려 너희의
풀지 못한 원한이
나의 바람 속에 깃들어 있도다.

손에 닿을 듯한 봄 하늘에
구름은 무심히도
북으로 흘러가고
어디서 울려오는 포성 몇 발
나는 그만 은원恩怨의 무덤 앞에
목놓아 버린다.
　　　―「초토의 시 11 - 적군 묘지 앞에서」전문

　이 시편은 분량 면에서도 단독 작품으로 손색이 없을 뿐만 아니라 한 편의 시로서 갖추어야 할 내용과 형식을 두루 확보하고 있어 연작에서 떼어내도 아무런 문제가 없어 보인다. 율격과 시행의 전개 역시 현대시에 어울리는 자유로운 경영²⁶을 하고 있으며, 적군 묘지 앞에 선 시적 화자의 진술 혹은 독백조의 어세語勢는 전쟁의 참상을 마주한 자아의 내면세계에 부합한다. 특히 '~구나, ~로다, ~도다' 등의 영탄형 어미들은 참상의 현장이 아니라 그 이후라는 시간적 배경에 어울리는 어기를 형성하고 있으며, "어디서 울려오는 포성 몇 발"과 같은 구체적 상황이 곁들여지면서 마치 무덤 앞에 선 것 같은 생생한 현장감을 주고 있다.

제1연은, "오호, 여기 줄지어 누웠는 넋들은 / 눈도 감지 못하였겠구나." 라면서 적군의 무덤이 아니라 아군의 묘에서 느끼는 것과 같은 안타까움을 표현하고 있다. 작품 도입부로서 연이은 시행들의 전개 양상을 암시하면서 대립적 분노가 아니라 죽음에 대한 보편적 공감을 불러일으키는 구실을 하고 있다. 때문에 제2연에 묘사된 대로 적들의 "썩어 문드러진 살덩이와 뼈를 추려" 양지바른 두메에 묻어주는 행위가 모순되지 않는 자연스런 귀결로 보이게 만든다.

그리고 주제와 연결된다. "죽음은 이렇듯 미움보다도 사랑보다도 / 더욱 신비스러운 것이로다." 그러니까 '신비'는 삶과 죽음 자체에 있는 게 아니라, '미움'이나 '사랑'을 넘어서는 유한한 인간의 숙명에 있다. 죽음은 모든 인간적 가치를 넘어서는 절대적인 차원을 상정한다. 때문에 죽음을 공유한 인간으로서 "이제는 오히려 너희의 / 풀지 못한 원한이 / 나의 바람 속에 깃들어 있"다는 주제에 도달할 수 있는 것이다. 유한성이라는 공유지에서는 아군도 적군도 구별되지 않는 하나가 된다. 기쁨도 슬픔도 희망도 절망도 결국 다른 것이 아니다. 희로애락애오욕을 모두 하나로 묶는 근거는 인간의 유한성이다. 때문에 적군 묘지 앞에서 그들의 '원한'을 '나의 바람'으로 품을 수 있는 것이다.

---

26 음보율의 측면에서 3음보, 4음보, 5음보 등이 자유롭게 구사되고 있으며, 각 연의 분량도 2행, 7행, 5행, 5행, 6행으로 규칙성을 벗어나 있다. 또 시행의 어미들도 영탄형, 전환형, 종결형 등이 작품의 의미 맥락과 유기적으로 호응하면서 활달하게 배치되어 있다.

인간은 "보이지 않는 것을 희망하는"[27]존재이다. 영원한 생명을 희망하는 인간이기에 "이 세상에서 이방인이며 나그네일 따름"[28]이라고 고백할 수 있는 것이다. 바로 이 지점이 대립의 이원론이 아니라 비대립적 일원론으로 나아가는 시적 사유라고 할 수 있다. 구상이 적군의 "은원의 무덤 앞에서" 목을 놓을 수밖에 없었던 것은, '살아서' 서로를 향해 방아쇠를 당기던 이념의 칼날이 '죽어서' 이토록 허무한 구원의 희망밖에 남지 않는 것임을 인식했기 때문이다. 그것은 베드로가 "제 형제가 저에게 죄를 지으면 몇 번이나 용서해 주어야 합니까?"라고 물었을 때 예수가 "일곱 번이 아니라 일흔일곱 번까지라도 용서해야 한다."[29]고 답한 까닭이기도 하다.

'이곳'에서의 죄는 본질적인 것이 아니며, '저곳'에 진정한 구원이 있음을 믿지 못하는 데 죄악이 있다. 구원은 '여기' 있는 것이 아니라 '저기'에 있다. 구상의 사유는 가톨릭 세계관과 긴밀하게 호응하고 있다. 그것은 모두가 하느님의 피조물로서 하나가 되는 대통합의 일원론이다. 하나가 여럿으로 구별되고, 여럿이 또한 하나로 수렴되는 대긍정의 일의적 세계이다. 그것은 휴머니즘을 넘어선다. 인간의 차원에서 인간을 바라본 세계가 아니라 근원적인 구원을 열망하는 관점이다.

「초토의 시 11 - 적군 묘지 앞에서」는 연작시 전체가 함축하고 있는 가톨릭 세계관이라는 시적 사유를 전면화시키면서 대긍정에 도달하는 장쾌한 세계를 보여준다. 앞서 본 대로 가톨릭의 본질을 육화와 죽음과 부활이라고 할 때 연작시의 마지막 작품 「초토의 시 15」가 보여주는 '부활'에의 열망은 구상의 시적 사유에 있어 한 정점에 해당한다.

    우리의 부활을 증거하여

---

[27] "보이는 것을 바라는 것은 희망이 아닙니다. 보이는 것을 누가 희망합니까?" (로마서 8,24)
[28] "이 세상에서 이방인이며 나그네일 따름이라고 고백하였습니다." (히브리서 11,13)
[29] 마태오복음 18,21~22

> 무덤 위에 필
> 알알의 목숨의 꽃씨를
> 즐거이 정성 들여 뿌리자
> ―「초토의 시 15」 부분

3. 일의적 존재론과 고독의 심화

현상학은 존재(être)와 존재자를 구별함으로써 고독의 본질을 지시한다. '있음'과 '있는 것'을 분별하는 것, 무한한 양태로 존재할 수 있는 '있음'이 단 하나의 구체적인 개별자로 '있게 될' 때, 다多가 일一로 수렴될 때 그것은 '고독'이다. 고독은 외로움이 아니며, 쓸쓸함이 아니다. 존재는 언제나 고독하지 않지만, 존재자는 영원히 고독하다.

존재의 근거인 하느님은 자신의 모습을 따라 존재자를 창조하였다. "하느님께서는 이렇게 당신의 모습으로 사람을 창조하셨다."(창세 1,27) 하느님은 '없음'에서 '있음'을 만들고, '있음'에서 '있는 것'을 만든 전지전능한 창조주이다. 그러므로 '한 분'이신 하느님은 고독을 모르며, 탄생과 소멸을 초월하고, 순간과 영원을 구별하지 않는다.

따라서 고독의 존재론은 두 가지 전제를 포함한다. (1)존재자는 피조물이다. (2)존재자는 고독하다. '홀로서기(hypostase)'는 "존재자가 '존재함'을 자신의 것으로 떠맡는 사건"[30]이다.

구상이 "모든 존재와 존재 사이에는 결코 일치할 수 없는 본질적인 거리가 있음을 인지해야 한다."[31]고 말할 때, 우리는 그가 왜 결혼식 주례면서 느닷없이 '존재의 고절감孤絶感'을 운위하는지 어림할 수 있다. 그는 신랑신부에게 '나'와 '너'의 구별을 넘어 저 근원으로 파고들어 가 존재와 존재

---

30 엠마누엘 레비나스, 강영안 옮김, 『시간과 타자』, (주)문예출판사, 2018(제1판 19쇄), 36쪽.
31 구상, 「결혼생활의 비결」, 앞의 책, 65쪽.

자의 구별까지 주문하고 싶었을 것이다. 그래야만 고독한 존재자들끼리 왜 함께(mit) 살아가야 하는지 진정으로 깨달을 수 있다고 믿었을 터이다. 구상은 고독을 부부 사이의 양보와 희생이라는 관계론적 차원이 아니라 "인간에게는 결코 뛰어넘을 수 없는 '홀로서'의 또 하나의 측면"[32]으로 인식했다. 사랑은 우선 둘 사이의 간격을 받아들이는 것이지만, 동시에 인간의 근원적인 고독을 인정하는 것이기도 하다.

> 아내의 시신屍身을 영안실에다 옮기고
> 나는 대합실 돗자리 한구석에
> 멍하니 앉아 있었다.
>
> 한참 뒤 사무실 직원이 오고
> 며느리가 딸애랑 저희 이모랑
> 수근대더니 나에게 다가와
>
> 수의壽衣가 한 벌에 50만원부터
> 최상품이 120만원인데
> 65만원짜리를 골랐으니
> "아버님 의견은 어떠시냐"란다.
>
> 평소 같으면 나는 으레
> "알아서들 하렴"이었겠지만
> 힐끗 영정影幀을 쳐다보니
> 한복도 양장도 아닌 진료의診療衣 차림이라

---

[32] 구상, 「결혼생활의 비결」, 앞의 책, 65쪽.

'평생 옷 한 벌 해줘 본 적이 없구나'
하는 생각이 들어
- 그거 120만원짜리,
120만원짜리로 해라!

마치 역정逆情난 사람처럼 내뱉고는
옆으로 돌아앉아 버린다.

그리고 다시금 곰곰 헤아리니
아내는 비록 저승에서일망정
이런 턱없는 호사를 탐탁해 않지 싶고

한편 나는 그녀가 다시 살아난다면
아마 홑 20만원짜리도 안 해주지 싶어
마음이 자못 개운치가 않았다.
　　　　―「수의壽衣」 전문

　시인은 자신보다 먼저 세상을 떠난 아내의 수의를 어느 가격대의 것으로 할지 고심하면서 (1)옷 한 벌 해줘 본 적이 없는 자신을 반성하고, (2)진료의를 입고 찍은 사진을 영정으로 쓰게 된 소탈했던 아내를 생각한다. '수의'와 '옷 한 벌'과 '진료의'가 모두 호사 취미를 갖지 않았던 부부의 일상을 환유하는 장치들이며, 금전을 가까이 두려 하지 않았던 신념을 은유하고 있다. 아리스토텔레스와 달리 리처즈는 '내용(tenor)'과 '전달 수단(vehicle)' 사이의 상호 작용은 "함께 놓인 둘 사이의 거리가 멀어질수록"[33] 긴장은 더욱 커지는 것이며 뛰어난 은유란 '견강부회적인 거리감이 미덕'

---

[33] I. A. 리처즈, 박우수 옮김, 『수사학의 철학』, 고려대학교 출판부, 2001(초판), 117쪽.

이 되는 차원이라고 강조했지만, 그 반례反例는 이처럼 구상의 시에서 드물지 않게 나타난다.

　미덕은 이런 표현론적 맥락에 그치지 않는다. 생과 사를 넘나드는 도저한 깊이와 사유가 있다. 격렬한 슬픔의 분출과 가파른 통곡 뒤에 찾아오는 허무가 아니라 담담하고 느린 진술조의 시행에서 오는 유장한 슬픔이 있다. 표현하지 않은 데 표현이 살아 있는 비미학도 보인다. 그런 점에서 구상 시의 요체를 가톨리시즘에서 찾는 주제론적 접근만큼 일상어의 과감한 전면화가 이룩한 미적 성과도 주목되어야 한다. 김윤식은 "직설적이며 명확성을 지닌 표현을 사용하는 것은 확실히 그의 신앙의 적극적인 면을 나타내는 것"[34]라고 하면서 구상의 시를 종교적 세계 안에 가두고자 했으나, 「나의 시의 좌표」에서 구상은 그의 견해에 대해 강한 반대 의견을 제출한 바 있다. 다른 여러 글에서도 일관되게 "내가 의식적으로 시에서 비유를 피하고 평면적 서술을 택하는 일면도 있"[35]다고 밝혔다. 이는 그가 스스로 "현대시의 문제점인 시에서 유리된 현대인의 마음을 붙잡는다든가 그 전달 방법에 제 나름의 성과를 거두고 있다"[36]고 평가한 대로 고도로 의도된 평이함이라고 할 수 있다.

　「수의壽衣」가 보여 주는 고독의 존재론은 더욱 주목되어야 한다. 전쟁과 학살의 원인을 악마성이 아니라 오히려 인간의 이성에서 찾는 반주체 철학의 흐름을 정확히 꿰뚫은 고독에의 천착이기 때문이다. 존재자(있는 것)가 존재(있음)로 환원되는 것이 죽음이라면, 아내는 더 이상 고독하지 않다. 시적 화자 또한 고독할 것이 없다. 그것은 홀로서기가 아니라 차라리 '서로 함께 있음(Miteinandersein)'[37]이다. 관계론을 벗어나 존재론으로 승화되면서 고독은 거부와 공격의 근거가 아니라 '긍정'과 '함께'의 원인이 된

---

34 김윤식, 「구상론」, 『현대시학』(8월호), 현대시학사, 1978, 116쪽.
35 구상, 「나의 시작 태도」, 앞의 책, 185쪽.
36 구상, 앞의 책, 199쪽.
37 엠마누엘 레비나스, 앞의 책, 31쪽.

다. 현대적 주체는 더 이상 고독을 면하기 위해 싸울 필요도 없고 슬퍼할 이유도 없다. 오히려 고독에 도달하기 위해 지금-여기의 삶을 대긍정의 풍요로운 지평으로 이끌어야 할 윤리적 과제가 주어진다.

「수의壽衣」에 없는 것은 공허한 슬픔만이 아니다. 죽은 아내와 시적 화자의 물리적 거리가 '개운치 않은 마음'의 소통으로 인해 소멸된다. 생과 사의 대립이 제거된 대긍정의 시적 사유라고 할 수 있다. "우리의 삶 자체가 언제나 한결같이 순탄과 행운 속에만 있을 수가 없고 또 어떤 고난이나 역경도 무한정일 수는 없는 것이어서 말하자면 그 명암의 엇갈림 속에 살고 있으며 **바로 이것이 삶의 리듬**이기도 하다."[38] (강조 - 인용자) 구상에게는 명明도 암暗도 모두 '삶의 리듬'이었다.

피보나치수열은 0, 1, 1, 2, 3, 5, 8, 13, 21, 34, 55 ······ (으)로 무한히 이어진다. 없음(0)과 있음들의 무한 연쇄 속에서 우리는 다음 수를 어렵지 않게 추론할 수 있다. 55 다음에는 34와 55의 합인 89가 나온다. 어떤 숫자 다음에는 그 수와 앞엣것의 합이 놓인다. 수열은 숫자들의 연쇄이자 그것들의 규칙을 정의한다. 숫자들이 선행할 수도 있고, 규칙이 선행될 수도 있다. 불규칙해 보이는 몰가치한 숫자들 속에 선명한 규칙성이 드러날 때 사람들은 안심한다.

그러나 베르그송의 주장과 달리 처음엔 '없음'無이다. 절대적 없음에서 비롯되는 피보나치수열은 따라서 존재론이 아니라 일종의 수비학(numerology)에 가까워진다. 수열은 면을 분할하는 선의 규칙으로 나아간다. 역으로 선의 규칙은 면을 분할하는 나선의 이미지로 나타난다. 여기에 '황금' 비율의 욕망이 꿈틀댄다. "수학을 모르는 사람일지라도, 황금비율(⌀)에 매혹되어 끌려 들어간다. 그 비율 속에 숫자의 아름다움이 담겨 있다."[39]

하나의 나선에 무한한 숫자가 연결된다(하나와 여럿). 하나의 나선이 분할

---

[38] 구상, 「결혼생활의 비결」, 앞의 책, 67쪽.
[39] 금은돌, 「나선의 시학과 선언하는 자」, 『금은돌의 예술산책』, 청색종이, 2020(초판 1쇄), 30~31쪽.

하는 두 개의 면에 무한한 숫자가 연결된다(둘과 여럿들). 무한한 나선들이 분할하는 무한한 면에 무한한 숫자가 연결된다(하나들과 여럿들). 숫자들을 개별적 존재로 고립시키는 수열의 수비학은 세계를 고립된 숫자들의 모래밭으로 만든다. 세상은 낱낱이 흩어져 존재하는 하나들이 일정한 규칙을 따라 연결된 고독한 땅일 뿐이다.

여기서 라이프니츠의 일의적 존재론이 빛을 발한다. 고립되지 않기 위하여, 혹은 더 이상 외롭지 않기 위하여 "모나드는 타자가 출입할 수 있는 창문들을 가지고 있지 않다."[40] 하나 안에 온 세상이 포함되고, "미래를 품고 있는 현재 안에 과거를 놓는"[41] 세상 또한 하나이므로, 모든 것은 주체가 된다. 타자 없는 주체는 그러므로 무언가가 드나들 수 있는 창을 가질 필요가 없다. 수열과 달리 모나드의 존재론은 어느 것도 외로운 객체로 만들지 않는 진정한 하나(들)이자 여럿(들)을 보여준다.

따라서 자아의 대립은 비자아도 아니고 무자아도 아니다. 그것은 이미 "내가 가진 것(le mien)"[42] 이다. 모든 것을 내 안에 품고 있는 자아는 대립항을 갖지 않는다. 홀로와 더불어는 대립되는 두 항이 아니며, 모든 '홀로'가 이미 '더불어'이듯 '더불어' 또한 '홀로'이다.

나는 홀로다.
너와는 넘지 못할 담벽이 있고
너와는 건너지 못할 강이 있고
너와는 헤아릴 바 없는 거리가 있다.

나는 더불어다.

---

40 "Les Monades n'ont point de fenêtres, par lesquelque chose y puisse entrer ou sortir." G. W. 라이프니츠, 「모나드론」, §7, 이정우, 『주름, 갈래, 울림 - 라이프니츠와 철학』, 기획출판 거름, 2001(제1판 제1쇄), 322쪽.
41 질 들뢰즈, 이찬웅 옮김, 「사건이란 무엇인가?」, 『주름, 라이프니츠와 바로크』, 문학과지성사, 2004, 145쪽.
42 질 들뢰즈, 「두 층」, 앞의 책, 199쪽.

나의 옷에 너희의 일손이 담겨 있고

　　나의 먹이에 너희의 땀이 배어 있고

　　나의 거처에 너희의 정성이 스며 있다.

　　이렇듯 나는 홀로서

　　또한 더불어서 산다.

　　그래서 우리는 저마다의 삶에

　　그 평형과 조화를 이뤄야 한다.

　　　　　　　　　—「홀로와 더불어」 전문

　이 작품에서 '나'와 '너'는 현상학적 존재론에 기반을 두고 있다. "'있음'이 단 하나의 구체적인 개별자로 '있게 될' 때, 다多가 일一로 수렴될 때 우리는 고독해진다."라는 명제. 존재자의 근원적 고독(홀로)을 부정하지 않으면서도 그것들의 연결(더불어)을 명확히 인식하고 있다. 홀로들의 공간적 연결("나는 더불어다")에 시간적 연결이 겹쳐진다("이렇듯 나는 홀로서 / 또한 더불어서 산다")[43]. 고독의 물질성을 인정하는 가운데 더불어의 위안을 보여준다.

　「홀로와 더불어」는 라이프니츠의 사유와 같은 일의적 존재론을 드러낸다. 모나드의 존재론이 하나와 여럿의 대립을 무너뜨려 세상의 최대화, 최다화를 이끌어 내었듯 홀로들이 더불어 살아가며 물결치고 넘실대는 진정한 일의성을 구현하고 있다. 과격한 표현욕이 제거된 일상어 속에 세련된 현대적 사유를 포함하고 있다.

---

43 "모든 존재는 같은 씨앗에서 나온 합생으로서 서로 나누고 잇고 엮어져 있다. 시간과 공간은 유기적으로 연결되어 우주의 바탕을 짠다." 테야르 드 샤르댕, 양영모 옮김, 「현대 세계」, 『인간 현상』, 한길사, 2004(제1판 제5쇄), 206쪽.

> 오늘날 흔히 서양의 무신론적 실존주의자들은 인간의 단독자적인 면만을 너무나 강조해서 그 고독과 소외에 절망하고 있다. 또 공산당이나 히피족들은 인간의 공동적 유의식類意識의 면만을 강조해서 후자는 그 성性의 공유까지를 이상으로 하는 집단생활을 주장하고 있다. 그러나 이것은 양자가 모두 인간의 일면에만 너무나 절망과 희망을 갖기 때문에서 오는 오류라고 나는 생각한다.[44]

이러한 통찰은 구상이 왜 현대의 라이프니츠주의자인지 알 수 있게 한다. 우리는 사랑을 위하여서도 '하나'가 되어서는 안 되며, 생존을 위해서도 '여럿'만 되어서는 안 된다. 하나는 "어느 쪽 한 인간의 인격과 개성이 말살당하는 결말 이외에는 딴 것이 아니"[45]며, 여럿에 대한 맹종은 지난 세기 세계대전의 직접적인 원인이자 오늘날까지 이어지고 있는 폭력의 뿌리이기도 하다.

신은 결코 하나를 위하여 인간의 말살을 추구하게 만들지 않았으며, 여럿을 위하여 개개인을 향한 폭력을 허용하지도 않았다. 신은 '하나와 여럿' 혹은 '하나들과 여럿들'이 자유롭게 물결치는 세상을 만들었을 뿐이다. 그런 점에서 「홀로와 더불어」는 가톨리시즘의 바탕 위에 인간의 윤리학을 정초하고 있다.

4. 휴머니티와 진실의 지향

구상은 시화詩話라고 부르는 에세이를 많이 남겼다. 시가 있고, 그 작품에 관한 이야기를 에세이로 쓴 것들이다. 가령 「홀로와 더불어」나 「그리스도 폴의 강」에 대응하는 동명의 에세이가 있고, 「초토의 시」에 대응해 「초

---

44 구상, 「홀로와 더불어」, 앞의 책, 75~76쪽.
45 구상, 「홀로와 더불어」, 앞의 책, 74~75쪽.

토의 3경」이 있으며, 「노부부」와 「수의壽衣」에 대응해 「결혼생활의 비결」 등이 있다. 「우주인과 하모니카」에서는 "우리의 옛 글에는 시 이야기, 즉 시화가 많다. 이것은 자신의 시나 당대 시인들의 작품 또는 옛 시에 전해지는 유래나 일사逸事 등을 기록해 놓은 것으로 우리는 저러한 시 이야기들을 통해서 옛 시인과 옛 지식인의 생활감정뿐 아니라 그들이 처해 있던 사회 상황이나 지니고 있던 문제의식 등을 엿볼 수가 있다."면서 자신은 평소 "오늘의 시화를 써 보려고 했었"다고 밝히고 있다. 이는 구상이 의식적으로 시에 관한 에세이를 썼으며 그 효용론적 가치를 매우 중시하였음을 짐작하게 한다.[46]

특별히 주목되는 것은 시에 관한 에세이들이다. 직접적으로 시를 언급하며 제목으로 삼은 것만도 「왜 시를 쓰는가」, 「나의 시의 정진도」, 「나의 시작 태도」, 「나의 시의 좌표」 등 4편에 달한다.[47] 이에 대응한 시 작품도 「나의 시 1」과 「나의 시 2」, 「시와 기어」 등이 있다. 「나의 시」는 판본에 따라 하나의 작품으로 합쳐진 것도 있는데, 본고에서는 『오늘 속의 영원, 영원 속의 오늘』(구상문학총서 제2권 詩)을 따라 연작시 두 편으로 보고 분석하고자 한다.

> 달마대사達磨大師는
> 벽을 마주하기 9년 만에
> 도道도 깨우쳤다는데
>
> 나는 시詩에 매달린 지 50여 년
> 이건 원고지를 마주하면

---

[46] 구상, 「우주인과 하모니카」, 앞의 책, 11쪽.
[47] 이 밖에도 「나는 왜 문학을 하는가」, 「나의 문학적 자화상」, 「시집 『응향』 필화 사건 전말기」 등을 포함하면 모두 7편에 달하는 에세이가 '시' 또는 '문학'을 직접 거론하고 있다.

노상 백지일 따름이니
하도 어이가 없어
남의 말 하듯 하자면
길 잘못 들었다.

옛 어느 성악가는
3년간을 폭포가에 나아가
목청을 뽑아댔더니
그만 명창名唱이 되었다는데

나도 이 소란과 소음 속에서
시를 천 편 가까이나 썼는데
명시名詩는커녕 남도 남이려니와
내 마음에 드는 시 한 편 없으니
하도 어이가 없어
남의 말 하듯 하자면
참 딱하기도 하다.

하지만 이제 어찌하랴?
돌이킬 수도, 그만둘 수도 없고
또 결코 뉘우치지도 않는다.

마치 물에 빠진 사람이
헤엄을 잘 치거나 못 치거나
목숨을 다하는 그 순간까지
허우적대며 헤여댈 수밖에 없듯이
나도 이렇듯 시라고 쓸 수밖에는.

─「나의 시 1」 전문

　달마대사는 면벽 수도 9년 만에 득도하였고 어느 성악가는 3년 동안 폭포에서 목청을 뽑아 명창이 되었다는데, 자신은 "시에 매달린 지 50여 년"이지만 원고지를 마주하면 노상 백지일 따름이라는 자탄이 시의 전반부를 차지하고 있다. "길 잘못 들었다."와 "참 딱하기도 하다."는 시구는 각각 득도한 달마대사와 명창이 된 성악가에 대비되는 자신의 불비한 처지를 표현하고 있다.
　그러나 제5연과 제6연에는 "돌이킬 수도 없고, 그만둘 수도 없"는 시의 길에서 "목숨을 다하는 그 순간까지" 시를 쓸 수밖에 없다는 다짐을 보여준다. 이것이 다짐일 수밖에 없는 이유는 시의 길에는 끝이 없다는 깨달음 때문이다. 돌이킬 수 있다면 돌이켰을 것이고 그만둘 수 있다면 그만두었을 것이지만, 그에게 시란 '목숨'에 견주어지는 어떤 숙명의 차원이라는 자각이다.
　'나의 시'는 나의 재능과 능력에 따라 선택적으로 취하거나 버릴 수 있는 것이 아니다. 내가 시를 선택하는 것이 아니라, 시가 나를 선택한다. 여기에 시를 '쓴다'가 아니라 '적는다'라는 인식론적 전환이 있다. 따라서 "결코 뉘우치지도 않는다."는 표현은 시의 선택을 받는 사람이 자신의 운명에 순응하는 태도를 함축하고 있다. 그러므로 진정한 시인이라면 "목숨을 다하는 그 순간까지" 시의 부름에 응답하는 삶을 살 수밖에 없다.

　　　나는 그대들에게
　　　나의 마음의 사연들을
　　　습관처럼 털어놓곤 한다.

　　　하지만 그대들은 내 입술에서
　　　행복한 말이 흘러나올 때

결코 나를 부러워하지 말라.

실상 그때 나의 가슴속은
모진 아픔과 쓰라림에 차서
애타는 갈망과 탄식만이 있느니

또한 그대들은 내 입술에서
불행한 말이 흘러나올 때
결코 나를 가엾이 여기지 말라.

그때 이미 나의 가슴속은
아픔과 쓰라림이 말끔히 가시고
안도의 한숨과 평정 속에 있느니

나의 거짓 사연에
그대들은 속지 말라.

그리고 정녕 속 깊은 사연은
아직 한 번도 내지 못하였음을
이제사 그대들에게 고백하노라.
　　　―「나의 시 2」 전문

　　이 작품은 매우 변증법적인 세 가지 의미 단락으로 분절해 볼 수 있다. 하나는 "내 입술에서 / 행복한 말이 흘러나올 때" 사실은 나의 가슴속은 "애타는 갈망과 탄식만 있느니" 결코 부러워하지 말라는 단락이다[正]. 둘째는 "불행한 말이 흘러나올 때" 사실은 "안도의 한숨과 평정 속에 있느니" 가엾이 여기지 말라는 단락이다[反]. 셋째는 이 모든 것을 포괄하는 "나의 거짓 사연에 / 그대들은 속지 말라."는 표현이다. "정녕 속 깊은 사연은 / 아직 한 번도 내지 못하였"기 때문이다[쉼]. 작품의 구조적 선명성이 주장하는 시적 의미를 명징하게 만들어 주고 있다.

그렇다면 '나의 시'는 언제쯤 '속 깊은 사연'을 드러낼 수 있는 것일까. 아마 영원히 '내지 못할 것'이다. 여기서도 세 가지 의미를 추출해 볼 수 있다. 하나는 시인으로서 구상 자신의 무기력에 대한 탄식이다. 둘째는 언술로서 표현주의적 요소를 가질 수밖에 없는 시 양식의 본질적 한계라는 인식이다. 마지막으로 '거짓 사연'이 아니라 진실을 추구해야 한다는 소당연이다. 진실에 '도달하는 것'이 아니라 진실을 '추구하는 것'에 방점이 찍힌다.

따라서 '나의 시'는 화려한 수사가 아니라 사실에 입각한 표현으로 나아가야 한다. 사사로운 이해를 벗어나 '진실한 사연'에 귀 기울이는 인간애를 갖추어야 한다. 행복에 부러워하고, 불행을 가엾이 여기는 보통의 마음을 그것대로 받아들이면서 '나의 시'는 보다 더 '진실하게' 사람을 향해 나아가야 한다.

> 나의 시에 대한 지향이나 좌표는 나의 시를 어떤 목적이나 방법에 종속시켜서가 아니라 시가 본래적으로 지니고 있고 또 오늘의 이 시대가 요구하는바 **강렬한 휴머니티의 연소** 이외에 다른 것이 아니며 새로운 시대정신을 적극적으로 탐구하고 영원 속의 현존을 추구·파악하려는 자세 이외의 별것이 아닙니다[48] (강조- 인용자).

구상은 자신의 시적 좌표를 '강렬한 휴머니티의 연소'를 통해 "새로운 시대정신을 적극적으로 탐구하고 영원 속의 현존을 추구·파악하려는 자세"라고 분명히 밝히고 있다. 이는 그가 "사물에 대한 자기 진실에 대한 욕구가 오늘날까지 나로 하여금 자기 자질에 대한 실망을 되씹으면서도 시를

---

[48] 구상, 「나의 시의 좌표」, 앞의 책, 199쪽.

붙잡고 있는, 즉 시를 쓰는 이유"[49]라면서 '진실'에 특별한 의의를 부여하는 것과 마찬가지로 '휴머니티'에도 커다란 비중을 두고 있음을 시사한다.

「나의 시 1」과 「나의 시 2」는 구상 시 세계를 이해하는 데 매우 중요한 하나의 단서를 제공한다. 즉 구상에게 시는 '자기 진실에의 욕구'에서 발원하여 '강렬한 휴머니티의 연소'를 거쳐 '영원 속의 현존'을 추구·파악하는 도정이다. 그의 사유는 가톨리시즘의 기초 위에 대긍정의 일의성과 접속해 있으며, 이것이 자신의 내면에서 '진실에 대한 욕구'로 분출될 때 '휴머니티의 연소'라는 방법론을 취한다는 것이다.

구상의 방법론인 '휴머니티의 연소'는 「나의 시의 좌표」에 상세하게 서술되어 있다. 자신은 김춘수와 같은 표현주의의 거장이 아니며, 마찬가지로 그가 대치시킨 "'민족을 위하여나 민중을 위하여'와 같이 소위 예술사적 역정을 거치지 않은 자연주의적 현실주의나 '계급을 위하여'와 같이 정치적 이념에다 시를 종속시키는 사회주의적 현실주의의 시나 시작태도를 동조하거나 지지하고 있는 것도 아"니라고 했다. 화려한 수사와 강렬한 이미지를 동반하는 표현주의도 아니고, 정치·사회적 이념성을 극한으로 밀어붙이는 마르크스-레닌주의 미학도 아니라는 생각이다.

> 시적 현실의 비평이란 인간에 대한 뜨거운 애정과 신뢰 즉 휴머니티에 입각해 있어야 하므로 그 비평은 자연히 추상적이기보다 구상적인 것에 기울어지고 그 대상이 비록 내재적인 것이나 무형적인 것이라 하여도 그것이 명확한 구상적 대상으로 방법화되기까지 즉 명석하게 질서 지워질 때까지는 그 비평을 멈추지 않기 때문입니다.[50]

---

49 구상, 「왜 시를 쓰는가?」, 앞의 책, 157쪽.
50 구상, 「나의 시의 좌표」, 앞의 책, 193쪽.

구상에게 '휴머니티'란 추상이 아니라 구상具象이다. 김윤식이 『현대시학』(1978년 6, 7, 8월호)에 발표한 「구상론具常論」[51]에 대한 반론 형식을 취하고 있는 이 글에서 자신은 "'이미지가 없는 것은 시가 아니다'라든가 '시는 메타포다'라는 통념부터 배격하는 사람"이라고 단언한다. 구상은 정치·사회적 이념성에도 반대하지만, 현란한 표현주의에도 반기를 들었다. 그것은 인간에 대한 뜨거운 애정을 뜻하는 '휴머니티'가 아니라는 주장이다.

> "나는 현대시의 유형과 그 통념에서 벗어남으로 말미암아 현대시의 문제점인 시에서 유리된 현대인의 마음을 붙잡는다든가 그 전달 방법에 제 나름의 성과를 거두고 있다고 생각합니다."[52]

정론직필을 언론의 사명이라고 말한다. 그러나 그것은 '바르게 논하고 곧게 쓰는' 행위가 결코 쉽지 않다는 사실을 반증한다. 그것은 개념적이라기보다 윤리적인 요청에 가깝다. 언론에 요구되는 중립성이라는 보편적 지평이 언론인이라는 개별자의 위치에 따라 얼마든지 굴절될 수 있고, 외려 그러한 현상이 무시로 벌어지는 현장이 언론이다. 언론과 언론인은 구별되어야 한다.

> 한 방울의 이슬이 지각을 뚫어
> 샘으로 솟는
> 그 청렬淸洌한 정열로
> 펜을 들자.

---

[51] "철저히 기교를 거부함으로써 사람들로 하여금 '비시적이다'라는 외침이 도처에서 들려오기를 고대하고 있는 것처럼 우리에겐 보인다." 구상, 「나의 시의 좌표」, 앞의 책, 194쪽에서 재인용.
[52] 구상, 「나의 시의 좌표」, 앞의 책, 199쪽.

밀림에다 불을 붙이고
원야原野를 갈아 새 밭을 일구는
그 푸른 꿈으로
펜을 들자.

천척尺 탄갱坑 속을 뚫어 나가는
광부의 비지땀으로
펜을 들자.

심장수술에 임한 외과의外科醫 메스의
그 과학성科學性과 조심스러움으로
펜을 들자.

태산山 마루 백설白雪같이 빛나는 이성理性으로
격전장戰場 전前 수색대의 기민機敏으로
쇠굴레를 입으로 끊는 노예의
선택과 결단으로
시지프스의 좌절과 절망을 씹어가며

짓밟힌 어린 잡초에도 눈물짓는
사랑을 안고
백결結의 가난한 회심心 속에서
펜을 들자.
　―「펜의 명銘」 전문

'경향신문 창간 28주년 축시임'이라는 각주가 달린 「펜의 명銘」은 구상의 다른 시편들보다 의미의 강화와 수사적 표현욕이 활달한 작품으로 보인다. 연마다 '~(으)로 / 펜을 들자'고 반복함으로써 진정한 의미의 '펜'이 되기 위한 조건을 강렬하게 제시하고 있다. 청렬한 정열, 푸른 꿈, 비지땀, 과학성과 조심스러움, 기민, 선택과 결단, 사랑, 가난한 회심 등등이다.

언론과 언론인에게 요구되는 조건들을 수식하는 표현들은 더욱 다채롭다. 이슬과 샘, 불과 밭, 탄갱과 광부, 심장수술과 외과의, 태산 마루 백설과 격전장의 수색대, 쇠굴레와 노예, 시지프스와 어린 잡초와 가난 등 '~(와)과 같은'에 의해 수식되는 '~(으)로' 펜을 들자고 반복함으로써 의미의 강화와 음악적 효과까지 발생시키고 있다.

> 사물에 대한 자기 진실에 대한 욕구가 오늘날까지 나로 하여금 자기 자질에 대한 실망을 되씹으면서도 시를 붙잡고 있는, 즉 시를 쓰는 이유라 하겠다.[53]

'사물에 대한 자기 진실에의 욕구'라는 명제는 구상이 남겨 놓은 산문들 여러 곳에서 두루 발견된다. 그는 자신의 시에서 '진실'을 찾고자 했으며, 언론과 언론인에게도 그것을 요구했다. 「펜의 명銘」은 진실에 이르는 그 방법을 매우 세밀하게 제시한 작품이다. 동시에 그는 "시의 생명은 결국 시로서 어떻게 형상화되었느냐 하는 데 달려 있음은 말할 것도 없다."[54]고 함으로써 진실에 접근하는 언론과 시의 방법이 다르다는 점도 밝혀 두었다.

구상은 성경을 인유하거나 성인과 성녀 등 교회사적 인물들을 소재로 활용한 경우도 있지만, 그것이 종교적 열정만으로 이루어진 것이라고 단정하는 데는 주저하게 된다. "'시적 자아'와 '실존적 자아'의 합일을 추구"했다며 구상의 시는 "한국 현대시의 종교적 사상성을 높이는 독보적인 굴곡의

---

53 구상, 「왜 시를 쓰는가?」, 앞의 책, 157쪽.
54 구상, 「왜 시를 쓰는가?」, 앞의 책, 158쪽.

발자취를 남겼다."⁵⁵고 평가한 오정국의 견해와 같이 그의 시는 예술과 종교 두 측면을 모두 포괄하고자 노력한 결과라 할 수 있다. 구상은 어디까지나 '강렬한 휴머니티의 연소'를 일으키고자 했다.

5. 결론

가톨리시즘을 다른 종교나 철학, 이념으로부터 구별 짓는 것은 쉬운 일이 아니다. 어느 종교도 인간이 보편적으로 추구해야 할 가치를 부정하지 않으며, 어느 철학이나 이념도 인간에게 위해를 가하는 목표를 제시하지 않기 때문이다. 그러나 육화는 하느님께서 인간을 위해 '사람의 아들'로 태어난 사건으로 가톨릭과 다른 종교를 구별하는 가장 특징적인 장면이라고 할 수 있다. 하느님이 사람의 아들로 태어난 육화와 죽음과 부활은 가톨리시즘의 본질적 요소이다.

이러한 가톨리시즘의 본질은 구상의 시 「나자렛 예수」에 특유의 어법과 언술로 그대로 표현되어 나타난다. 「나자렛 예수」는 예수의 삶을 '육화와 죽음과 부활'이라는 세 마디로 정리하고, 그러한 삶이 인간의 구원을 위한 것이었음을 드러내었다. 구상은 결국 시를 통해 가톨리시즘과 시적 사유를 일치시키고, 시적 사유와 시적 변주를 일치시킴으로써 자신의 삶을 자신의 신앙과 일치시키는 노력으로 일관했다고 할 수 있다.

이와 같이 구상의 시적 사유에 있어 근간을 차지하고 있는 가톨리시즘은 「초토의 시」 연작을 통해 대립을 넘은 대긍정의 세계로 표현되고 있다. 특히 「초토의 시 11 - 적군 묘지 앞에서」는 연작 전체가 함축하고 있는 가톨릭 세계관이라는 시적 사유를 전면화시키면서도 대립을 넘어 대긍정에 도달하는 장쾌한 세계를 보여주었다. 요약건대 구상의 시적 사유는 육화-죽음-부활이라는 가톨리시즘의 본질을 바탕으로 한 대긍정의 세

---

55 오정국, 「구상 시의 가톨리시즘 담론」, 앞의 책, 94쪽.

계라 할 수 있다.

구상은 이러한 시적 사유를 크게 세 가지 양상으로 시화했다. 존재와 존재자의 구별을 통해 '홀로서기'와 '서로 함께 있음'의 의미를 천착하는 고독의 존재론이 그 하나이다. 또한 '하나와 여럿' 혹은 '하나들과 여럿들'을 대립시키지 않는 일의적 존재론이 그 두 번째이다. 마지막으로 인간에 대한 한없는 애정의 표현인 예수의 탄생과 같이 가톨릭 신자로서 세상을 향해 던지는 시인 특유의 휴머니티와 진실에의 지향이 그것이다. 이를 통해 구상은 한국 현대시사에서 유사한 사례를 찾기 힘든 종교적 신성성에 바탕한 시적 사유와 대긍정의 시적 양상을 보여주었다.

본고는 이러한 구상의 시 세계를 이해하기 위해 요구되는 세 가지 충위 가운데 시적 사유와 그 변주 양상에 주목했다. 그동안 가톨릭 세계관, 휴머니티, 애민 정신, 역사의식과 사회적 책임 등 부분적이고 열거주의적인 방식으로 접근한 태도를 벗어나 구상의 시적 사유를 가톨리시즘을 근간으로 한 일원론으로 정리하고, 그 토대 위에서 대긍정을 통한 부활의 의지, 일의적 존재론과 고독의 심화, 휴머니티와 진실의 지향 등이 변주되어 나타난 것으로 살펴보았다.

이를 토대로 60여 년 동안 창작된 구상의 작품 전반을 일관된 관점 위에서 종합적으로 분석·평가하고, 그것을 다시 방대한 연대기적 정보와 연관 지어 입체화시킬 수 있다면 한국 현대시사에 등장한 한 '위대한 개별자'의 내면과 그 표현 양상을 포괄적으로 이해할 수 있을 것으로 기대된다.

구상의 연작시와 영원회귀 의식
- 연작시 「밭 일기」와 「모과 옹두리에도 사연이」를 중심으로

차례

1. 개인사에 투영된 민족의 시련
2. '죽임'과 '기도' - 연작시 「밭 일기」
3. '진리'와 '신비' - 연작시 「모과 옹두리에도 사연이」
4. '죽임'과 '진리'를 넘어 영원회귀로

〈국문초록〉

시인 구상은 1919년 서울에서 태어나 2004년 작고하였다. 식민지 조선에서 태어나 일제의 폭압과 태평양전쟁과 한국전쟁, 4·19와 5·16과 경제개발 시대와 민주화 시대를 거쳐 월드컵 4강 신화로 상징되는 2000년대 문화 융성기의 한국을 살다 갔다. 모든 것을 상실한 절망의 시대로부터 모든 것이 가능한 희망의 시대에 이르기까지 구상은 가톨리시즘을 바탕으로 한 대긍정의 비대립적 시 세계를 보여주었다.

또한 개인사에 투영된 민족의 시련 속에서도 일생을 시인이자 교육자, 언론인으로 살며 한국 현대 시사詩史에 연작시 형식의 개척과 영원회귀 의식의 시적 표현이라는 성과를 남겼다. 그는 『초토의 시』를 필두로 『밭 일기』, 『그리스도 폴의 강』, 『까마귀』, 『모과 옹두리에도 사연이』, 『유치찬란』

등 다른 시인들과 확연히 구별되는 많은 연작시를 장기간 꾸준히 창작하였다. 양적으로 방대할 뿐만 아니라 질적으로도 그의 대표작들을 두루 포함하고 있다.

구상의 영원회귀 의식은 '신의 죽음'을 선언한 니체적 진리관과 '죽임'에 저항하는 기도의 형식이라는 표현으로 나타난다. 니체와 마찬가지로 구상은 규범이 되는 신, 법칙을 제시하는 신, 명령하는 신을 극복하고자 했다. 그러나 그것은 신에 대한 절대부정이 아니라 절대적 규범화에 대한 반성이었다. 구상은 '구원의 계시'라고 하는 가톨릭 신앙의 '신비'를 불신한 적이 없다.

인간에게 죽음은 삶의 연속선 위에 있는 하나의 생명 현상이다. 죽음은 삶과 단절되지 않으며, 삶은 죽음을 통해 완전성을 확보한다. 구상은 이러한 연속성의 인식을 통해 영원회귀 의식으로 나아갔다. 그에게 영원회귀는 믿음-신비라는 종교적 신념과 삶-죽음의 연속성에 대한 통찰을 통해 시화되었다. 때문에 그는 '죽임'에 저항하는 '절박한 기도'의 형식으로 연작시 창작에 몰두했다. 본고는 구상의 연작시를 통해 그의 작품이 보여주는 영원회귀 의식에 주목하고자 했다.

* 주제어 : 구상, 연작시, 디아스포라, 진리, 죽임, 영원회귀

1. 개인사에 투영된 민족의 시련

시인 구상은 1919년 서울에서 태어나 2004년 작고하였다. 식민지 조선에서 태어나 일제의 폭압과 태평양전쟁과 한국전쟁, 4·19와 5·16과 경제개발 시대와 민주화 시대를 거쳐 월드컵 4강 신화로 상징되는 2000년대 문화 융성기의 한국을 살다 갔다. 모든 것을 상실한 절망의 시대로부터 모든 것이 가능한 희망의 시대에 이르기까지 구상 시인은 일관된 생성과 긍정의 시적 사유를 통해 비대립적 시 세계를 보여주었다.

나라를 빼앗긴 민족사적 위기와 냉혈의 이념적 패권주의로 인해 촉발된 동족상잔은 민족의 질곡만 유발한 게 아니라 구상에게도 분단과 이산의 상처를 남겼다. 1946년 북한 원산에서 시집 『응향凝香』 필화 사건에 연루되어 월남할 때 그는 어머니와 이별하게 되었다. 또 가톨릭 사제로 사목활동을 하던 친형 구대준 가브리엘 신부와도 헤어지게 되었다.

대구광역시 수성구의 '고모역 복합문화공간'으로 조성된 '고모역'에는 동명의 시비가 세워져 있다. "고모역을 지날 양이면 / 어머니가 기다리신다 / 대문 밖에 나오셔 기다리신다 / 이제는 아내보다도 별로 안 늙으신 / 그제 그 모습으로 / 38선 넘던 그날 바래주시듯 / 행길까지 나오셔 기다리신다"(「고모역」 부분) 총탄으로 갈라놓은 혈육의 정을 그리는 시인의 마음이 아프게 다가온다. 형 구대준 신부도 1949년 북한 치하의 원산 수녀원에서 체포돼 1950년 6월 25일 이후 행방불명되어 평양인민교화소에서 순교한 것으로 알려져 있다.

분단의 시간이 길어지는 만큼 남북 동포의 생활 터전은 완연히 이질화되고 있다. 정치, 경제, 사회, 문화, 예술 등 모든 부문에서 이질성은 심화되고 있다. 이런 여건 위에서라면 통일이 되어도 단기간에 동질성을 회복하고 개인과 민족의 보편적 가치 위에서 활력적인 협생의 공동체를 회복하는 것은 요원한 일이라는 비관적 전망이 설득력을 얻고 있다. 단일한 원인이 하나의 결과를 낳고, 하나의 범죄가 단일한 판결로 속죄되는 차원을 넘어 민족사의 심층을 파고든 질곡이 해소될 기미를 보이지 않는다.

구상은 일생을 시인이자 교육자, 언론인으로 살며 한국 현대 시사詩史에 가톨리시즘을 바탕으로 한 시적 사유와 연작시 형식의 개척[1]이라는 시적 성취를 남겼다. 그는 연작시를 천착하게 된 사연을 다음과 같이 말한 바 있다.

---

1 "구상은 많은 연작시를 발표하였다. …(중략)… 구상은 연작시 양식의 개척자 역할을 담당하였다." 조창환, 「구상 시의 전개와 문학사적 의의」, 『한국 현대시의 분석과 전망』, 한국문화사, 2010, 201쪽.

여기에는 두 가지 이유가 있는데 머리가 지둔遲鈍한데다 끈기마저 없는 사람은 촉발생심觸發生心이나 응수소매격應酬小賣格 격으로 시를 써가지고선 도저히 자기 세계를 나타낼 수가 없기 때문이요, 또 사물의 실재나 실존을 파악하는 데도 한 편의 시로 끝을 맺고 나면 그 존재의 무한한 다면성多面性이나 내면적 복합성을 인식하고 조명해내지 못하기 때문에 한 주제에다 한 소재를 가지고 응시를 거듭함으로써 관입실재觀入實在해 보려는 의도에서입니다.[2]

요컨대 존재의 무한한 다면성과 복합성을 조명하기 위하여 하나의 제재를 깊이 있게 응시하는 과정에서 자연히 연작시에 집중하게 되었고, 이를 통해 "모든 사물이나 존재에 대한 투시력을 획득할 수 있"었다는 생각이다. 실제로 그는 『초토의 시』를 필두로 『밭 일기』, 『그리스도 폴의 강』, 『까마귀』, 『모과 옹두리에도 사연이』, 『유치찬란』 등 다른 시인들과 확연히 구별되는 많은 연작시를 장기간 꾸준히 창작했다. 양적으로 방대할 뿐만 아니라 질적으로도 그의 대표작들을 두루 포함하고 있다.

구상은 해방 전 지방지에 작품을 발표하고 동인 활동을 하면서 시인으로서의 삶을 시작했다. 월남 이후 한국전쟁 기간에는 종군작가단의 중심적 역할을 하며 시인으로서 본격적인 활동을 펼쳤다. 1951년 첫 시집 『구상』 발간 이후 시선집과 전집을 제외하고도 신작 시집과 신앙 시집을 묶어 10여 권이 넘는 창작 시집을 냈으며 수필집, 수상집, 자전 시문집, 서간집 등도 10여 권 넘게 발간하였다.[3]

구상은 또 1949년 서라벌예술대학 전신인 서라벌예술학원 강사를 시작으로 2000년 중앙대학교 예술대학과 대학원 대우교수까지 오랫동안 후학

---

[2] 구상, 「나의 시작 태도」, 『구상문학총서 제6권 에세이』, 홍성사, 2007, 186쪽.
[3] 구상은 또 독일, 프랑스, 영국, 이탈리아, 일본어로 번역한 시집과 시화집, 시선집 등을 발간하며 활발하게 활동했다. 노벨문학상 후보에 두 번이나 오르는가 하면 대한민국문학상 본상, 대한민국예술원상, 서울시문화상 등을 수상하기도 했고 금성화랑 무공훈장, 국민훈장 동백장, 금관문화훈장을 수훈했다.

들을 가르쳤다. 이 밖에도 효성여자대학교, 서울대학교, 서강대교, 하와이대학교, 가톨릭대학교 등에서 강의하면서 한국 현대문학을 이끌어갈 인재 양성에 크게 이바지하였다.

또한 구상은 언론인이기도 했다. 1942년 〈북선매일신문〉 기자를 시작으로 1965년 〈경향신문〉 논설위원 겸 동경지국장을 역임하기까지 20년 이상 현역 언론인이었다. 이들 두 매체 외에도 〈연합신문〉 문화부장(1948~1950)과 〈승리일보〉 주간(1950~1953), 〈영남일보〉 주필 겸 편집국장(1953~1957) 등으로 일하며 소속 매체의 취재 전략이나 논조에 영향을 미치는 비중 있는 역할까지 맡았다.

이처럼 다채로운 구상의 연보에서 특별히 주목되는 점은 1938년 함경남도 덕원군 성 베네딕도 수도원 부설 신학교 중등과를 수료한 사실이다. 그가 '세례자 요한'이라는 세례명을 가진 가톨릭 신자로서 사제가 되기로 결심하고 수학한 점은 중요한 고려 사항이다. 또 니혼대학 전문부 종교과를 졸업한 것도 그의 작품에 보이는 시적 사유와 영원회귀 의식을 이해하는 데 특별한 연대기적 정보라 할 수 있다.

2. '죽임'과 '기도' - 연작시 「밭 일기」

"삶은 죽음과 맞서지 않는다. 그것은 죽임에 맞선다."[4] 인간은 누구나 자신의 생명이 유한하다는 것을 알며, 일평생 죽음을 사유할 수밖에 없는 존재인 것도 잘 알고 있다. 인간은 죽음과 함께 살아가며, 죽음과의 마주침과 엇갈림 사이를 배회하는 존재이다. 삶에 대응하여 죽음을 인식하는 경우이든, 삶과 죽음을 상호 포함관계로 받아들이든 죽음은 인간에게 성찰과 반성을 요구한다. 그런 점에서 죽음은 철학의 기원이자 윤리의 연원이다.

그러므로 '죽임'은 용납할 수 없는 반철학이자 윤리의 종말이다. '죽임'

---

[4] 김지하, 「인간의 사회적 성화」, 『남조선 뱃노래』, 자음과 모음, 2012, 168쪽.

은 인간성의 파멸이자 자연에 대한 반역이다. 그럼에도 불구하고 역사는 반복되는 '죽임'으로 인하여 인간에 대한 절망을 유발한다. 전쟁과 폭력으로 인한 '죽임'의 역사에 종지부를 찍고 인간성과 자연을 회복하려는 노력이 끊일 수 없다는 데 인간의 명백한 한계가 있다. 하늘을 우러러 아버지를 찾고, 땅을 살피며 어머니를 그리는 것은 '죽임'에 저항하는 인간의 절박한 '기도'일 터이다.

구상이 모두 101편에 이르는 방대한 '밭' 연작을 창작한 것은, 그 분량만큼이나 절박감의 강도가 컸음을 시사한다. '밭'은 자기 시대의 죽임에 저항하는 구상의 절박한 기도처로서 땅의 한 양태라고 할 수 있다. 한국전쟁 휴전 직후 발표된 「초토의 시」에 이어 60년대를 대표하는 구상의 연작시 「밭 일기」[5]는 통주저음通奏低音처럼 '밭'을 바탕으로 하여 다양한 시공간적 변주가 이루어지고 있다. 시간적으로도 무한에 가깝고, 공간적으로도 광대한 영역을 포함하고 있다.

또한 소와 쉬파리와 쥐새끼, 청개구리 등속의 동물부터 물외, 토마토, 포도, 능금 등과 같은 과일류가 등장하는가 하면 봉선화, 채송화, 코스모스 등의 화초와 버섯과 나무와 해물과 해초까지 거의 무한의 소재가 나타난다. 그리스 신화를 언급하는가 하면 클레오파트라와 로미오와 줄리엣과 마릴린 먼로가 나오고, 백결 선생과 수로부인도 등장한다. 소똥, 말똥, 돼지똥, 닭똥, 토끼똥, 쥐똥, 염소똥, 당나귀똥, 여우똥 "똥이란 똥이 온 밭에 널려 있다."(「밭 일기 4」) 특정할 수 없는 무한의 오브제는 그 자체가 죽임에 저항하는 구상의 절박감을 표상한다.

구상은 각 편별 제목을 따로 정하지 않고 그냥 숫자로 구분했다. 이는 개별 작품의 제목이 주는 의미화를 최소화하여 연작시 전체의 통일적 메시

---

[5] "이 시(「밭 일기」)는 일본 체제 중에 완성하였으며, 1967년 1월~4월 말까지 《주간한국》에 연재한 101편의 연작시이다. 1960년대의 문학 소산으로서 손꼽혔으며, 우리나라 연작 장시의 효시라고 말하고 있다." 이운룡, 「한국 기독교시 연구 - 김현승·박두진·구상을 중심으로」, 조선대학교 대학원 박사학위논문, 1988, 84쪽.

지를 강화하기 위한 선택으로 보인다. 실제로 구상은 「초토의 시」, 「그리스도 폴의 강」, 「까마귀」, 「모과 옹두리에도 사연이」 등 많은 연작시[6]의 각 편을 숫자로 표기했다. 연작시의 창작자는 개별 작품의 소재와 제재, 주제적 차별성을 유지하는 원심적 노력과 함께 작품 전체의 유기적 연관성과 메시지의 구심적 통일성을 기해야만 한다. 연작시는 단순한 형식적 열거가 아니라 일정한 의미의 계열을 형성해야 성립되기 때문이다.

이와 관련해 구상이 "연작시에 관심을 가진 것은 극양식이 지닌 메시지의 전달력에 매력을 느꼈기 때문으로 보인다."면서 "한 편씩으로 보면 서정적 작품이면서 전체로는 극적 양식이 되기를 바랐기 때문"[7]에 언어적 조탁이나 이미지의 형상화보다는 주제의 직접적 전달에 집중한 연작시를 지향했다는 조창환의 주장은 주목된다. 또 "세련미나 정교한 제품으로서의 미가 시에서의 치밀한 메타포나 현란한 이미지를 통해서, 엄밀히는 그런 것 자체에서 달성되는 것이라면 구상은 이와는 다른 쪽에 서 있다. 그것은 윤리적 인간적 측면에 서 있음을 뜻한다."[8]는 김윤식의 주장도 참고할 만하다.

요컨대 구상은 자신에게 주어진 비극적 현실 인식의 강도가 크면 클수록 표현주의적 모더니즘 경향이나 대립과 투쟁의 리얼리즘 기법을 벗어나 일종의 '무기교의 기교'에 도달하는 것이다. 그 구체적인 양상이 형식의 측면에서 연작시로 나타났고, 표현의 측면에서 '신현실주의'[9]로 드러난 것이라 할 수 있다. 그것이 철학적 성찰과 윤리적 반성이라는 주제론적 문

---

6 "구상은 많은 연작시를 발표하였다. 『초토의 시』를 시작으로 『밭 일기』, 『그리스도 폴의 강』, 『까마귀』, 『동심초』, 『모과 옹두리에도 사연이』 등을 통하여 구상은 연작시 양식의 개척자 역할을 담당하였다." 조창환, 「구상 시의 전개와 문학사적 의의」, 『한국 현대시의 분석과 전망』, 한국문화사, 2010, 201쪽.

7 조창환, 앞의 글, 212쪽.

8 김윤식, 「신현실주의 시론」, 『근대시와 인식』, 시와시학사, 1992, 182쪽.

9 "그것(신현실주의)은 한편으로 일상적 현실을 극복하며 다른 한편 말초신경적 내부 이미지의 혼란에 빠진 일체의 기교를 배격 극복하여 보다 높은 단계로 나아가게 하는 시적 태도일 것이다." 김윤식, 앞의 글, 193쪽.

제의식을 기반으로 하고 있음은 물론이다. 그런 점에서 「밭 일기」는 이전과 이후의 연작시에서 볼 수 있는 형식·표현·주제 의식의 일관성을 견지하고 있는 작품이다.

1984년 발간된 「모과 옹두리에도 사연이」가 이념적 대립이 노골화된 격동의 현대사를 살다 간 구상의 자전적 고백의 시편들이었다면, 그보다 20여 년 앞서 발표된 「밭 일기」는 현장에서 직접 객혈하듯 기록한 일종의 다큐멘터리라고 할 수 있다. '모과'가 다루고 있는 현실을 객관화할 수 있는 일정한 시간적 거리를 가지고 있었던 데 비해 '밭'은 동시간적 상황에 놓인 채 내면의 파열하는 시적 감정을 가감 없는 사실적 시선으로 그려낸 작품이다.

> 1960년대의 「밭 日記」는 땅과 생명력에 대한 관심을 기독교 정신으로 조명한 시이다. 특히 문명 현실의 비극과 전통사상과의 부조화 현상을 신랄하게 비판하고, 기독교적 인간관·우주관이 생생하게 드러나 實寫처럼 그려진 시다. 즉 밭은 흙에 얽힌 사상과 이미지를 몽타주하여 존재의 문제와 사물의 生成 → 消滅 → 新生을 추구하고, 전쟁의 체험과 삶의 고투에서 환기되는 윤리의식, 역사의식에 의하여 地上의 모든 신적 속성이 인간 사회와 부단히 갈등을 일으킴으로써 불안과 고독과 소외의 죄값으로 통제되어 있음을 詩化한 것이다.[10]

그런데 「밭 일기」에 대하여 "다른 농민시와는 차원이 다른 이질적인 것"이라면서 '인생론적 농민시'[11]라고 규정한 서범석의 논의는 음미해 볼 필

---

10 이운룡, 앞의 글, 84쪽.
11 서범석, 「구상 시의 의미 구조 - 『초토의 시』와 『밭 일기』를 중심으로」, 『건국어문학』(제21·22집), 1997, 111~114쪽.

요가 있다. 그는 '밭'을 '땅'이나 '흙'이 아니라 '농민'과 결부지어 「밭 일기」를 농민시의 개념 범위 안에 넣으려 하고 있다.[12] 그러나 101편에 이르는 연작시 가운데 농민이나 농사와 관련한 시편들은 그렇게 많지 않다. 또한 농촌 풍경도 나오고 농사와 관련한 이미지들도 여럿 등장하지만, 그것이 지향하고 있는 바는 '농민'이라기보다 '인간'에 가깝다. 서범석 자신도 "'밭' 이미지는 농토라는 의미 이상으로 형상화되고 있다."면서 '서정적 자아의 마음이거나 민족의식 내지는 역사의식'이자 때로는 '우주적인 관념으로 확대되기'[13] 때문에 '인생론적 농민시'라고 했다.

작품 전반의 주제론적 의미를 고려할 때 「밭 일기」의 '밭'은 '농민'이나 '농사'가 아니라 '땅'이나 '흙'으로 이해되어야 하며, 나아가 대지와 모성의 맥락에서 심층적으로 분석되어야 한다. 구상은 '밭'에서 '죽임'을 고발하는 동시에 그것을 넘어서는 철학적·윤리적 대전환을 요구하고 있다. 그는 『응향』 필화 사건에 연루돼 월남한 시인이며, 한국전쟁을 통해 수많은 '죽임'을 직접 목격한 시인이기도 하다. 그런 점에서 「밭 일기」는 '죽임'을 끝내기 위한 구상의 절박한 '기도문'이라고도 할 수 있다.

그리고 죽임의 양상들이 상징과 비유를 통해 시편들 전반에 등장한다. 「초토의 시」에 보이는 직접적 묘사와 직설적 어법과 달리 구상은 '밭'이라는 원형 상징을 통해 고요와 해방 속에서도 슬픔과 통곡을 바쳐야 했다.

> 세상은 일시에 모두 정지되어
> 푸른 송장이 된 것같이
> 숨소리도 없는 이 순간,
> 기아飢餓와 멸시蔑視와 살육殺戮에서 해방된 순간,

---

12 서범석이 말하는 『밭 일기』의 농민시적 성격은 두 가지다. 첫째 민족적 수난사를 배경으로 하고 있다는 점과 둘째 농민의 삶이 들어있다는 점이 그것이다. 서범석, 앞의 글, 112~113쪽.
13 서범석, 앞의 글, 114쪽.

저주咀呪와 모반謀反도 없는 이 순간,

너, 쉬파리 똥파리
어쩐지 이 고요가
서러운 공포가 되며
산울림 하게 왕왕, 울어 보누나.
　　—「밭 일기 8」 부분

"숨소리도 없는" 고요한 해방의 순간에도 시인은 '죽임'의 잔상을 떠올리며 "서러운 공포"에 산울림이 '왕왕' 울리도록 통곡하고 있다. 고요와 해방 속에서도 공포와 눈물이 쏟아지는 역설적 상황이 '죽임'의 비참함을 예리하게 표현한다. 실제로 보이는 상황에 기억의 현장이 투영되는 순간의 비탄이다. '비동시적 동시성'이란 개념은 사회학에서 연원한 것이지만, 「밭 일기 8」에 보이는 서러운 한탄에도 적실하다. 구상이 느낀 '죽임'의 고통과 그것을 극복하려는 의지가 얼마나 강한 것인지 짐작할 수 있게 한다.

또한 다음과 같은 시편은 '죽임'의 종언을 고하고자 간절히 기도하는 구상의 내면세계를 그대로 느낄 수 있게 한다.

내 가슴 동토凍土 위에
시베리아 찬바람이 살을 에인다.

말라빠져 엉켜 뒹구는 잡초雜草의 밭
쓰레기 구덩이엔
입벌린 깡통, 밑나간 레이션 박스,
찢어진 성조지星條紙, 목 떨어진 유리병,
또 한구석엔 총 맞은 삽살개 시체,

전차戰車의 이빨자국이 난 밭고랑엔

말라 뻐드러진 고양이의 잔해,

… (중략) …

나의 잔등의 미칠듯한 개선疥癬!

나의 가슴을 치밀어 오르는 이 구토嘔吐!

어느 누구를 향한 것이냐?

—「밭 일기 49」부분

구토가 쏟아지는 '죽임'의 풍경들로 가득한 산하 앞에서 구상은 묻는다. 잔등의 개선14과 구토는 "어느 누구를 위한 것이냐?" 대체 누구에게 유익한 것이기에 이토록 가혹한 '죽임'을 초래했는가. 그러므로 구상의 '밭'은,

1·4 후퇴, 체인도 안 단 트럭이

오르다간 미끄러지고

오르다간 미끄러지는 고갯마루서

그 운전대 옆에 타고 앉아

차라리 조바심을 지우려고

멀리 내려다 본 골짝에

흰눈에 떨어진 검정 보자기처럼

보이던 그 밭,

가족들을 데리고 복귀復歸하는 길

---

14 '개선疥癬'은 옴진드기가 사람의 손가락이나 발가락 사이, 겨드랑이 따위 연한 살에 기생하여 일으키는 전염 피부병.

만발한 철쭉꽃에 싸여서
버짐 먹은 아이의 대가리처럼
부옇게 패어 있던 그 밭,

형무소刑務所에서 나와
시골집으로 가면서 기웃해 본
강냉이 이삭이 우수수 우수수
몰려 서 있던 그 밭,

김천, 대구 사이 신동新洞고개 골짜기
나환자들의 피고름과 눈물이
얼룩져 있던 그 밭,

이국異國 병상病床 수술대手術臺 위에서
마지막 보이던 고토故土,
그 산뙈기 밭!
　　　—「밭 일기 51」 전문

  이처럼 황폐화된 불모의 땅이다. 어느 것도 자라게 할 수 없고, 어떤 것도 기를 수 없는 '죽임'의 땅이다. 생명의 터전이 생명을 품지 못한 채 '검정 보자기'처럼 시커멓게 썩었거나, '버짐 먹은 아이의 대가리'처럼 갈라지고 찢어지고 패어 있다. 고름과 눈물까지 얼룩져 있다. 시편 전체에 걸쳐 '죽임'의 불모성이 처연하게 묘사되어 있다. 그리고 자신마저 병상 수술대 위에 누워 있다.
  그럼에도 불구하고 '고토'故土가 있다. 수술을 앞둔 경각의 순간에도 '고향'은 있다. 누구에게나 있다. 자신을 낳고 길러 준 원형의 땅은 절체절명의 순간에도 '생명'을 향한 인간의 간절한 바람 앞에 나타난다. 「밭 일기 51」에 등장하는 '밭'은 모두 불모이지만, 바로 그렇기 때문에 '생명의 땅'(고토)을 향한 시인의 열망을 표상한다.

> 곰아! 너야말로 구름처럼
> 북으로 되흘러 가지도 못하고
> 그렇다고 나자렛 예수처럼
> 부활승천復活昇天도 못하고
>
> 원산, 기름진 덕원德源 들판에서 뛰쳐나와
> 대구, 부산으로 두 번이나 쫓겼다가
> 다시 서울로 기어 올라와
> 남산 기슭 성城 밑 무허가 판잣집
> 목마른 텃밭이 된
> 내 신세랑 네 신세
> 고약한지고.
> ―「밭 일기 44」부분

'곰'은 유랑하고 '나'도 떠돈다. 북에서 남으로, 다시 북으로 떠돌이의 삶을 살아야만 하는 '곰'(민족)과 '나'의 신세는 고약하기 그지없다. 차라리 그것은 '죽임'에 직면한 존재론적 위기를 함축한다. 안주하지 못하고 떠도는 삶을 강제당하는 것은 '죽임'을 앞둔 본질적 위기이다. 나아가 정착이나 안정이라는 것도 완전한 것이 못 된다. 가령,

> 저녁 어스름 속에
> 소를 몰아
> 지게 지고 돌아온다.

굴뚝 연기와
사립문이 정답다.

태고太古로부터
산과 마을과 들이
제자리에 있듯이

나라의 진저리나는
북새통에도
이 원경原景에만은
안정이 있다.
　　　　―「밭 일기 23」 부분

'곰' 마을의 원형적 풍경에 가까운 어느 고장의 저녁을 묘사하고 있다. 정답기도 하다. 그런데 구상은 "나라의 진저리나는 / 북새통에도" 저녁 어스름 속에 소를 몰아 지게 지고 돌아오는 장정들과 굴뚝 연기 피워 올리며 사립문을 여는 아낙들을 떠올리면서도, "이 원경原景에만은 안정이 있다."고 한다. 근경近景도 아니고 원경遠景도 아니다. 단지 '원경'原景일 뿐이다. 때문에 구상은 '안정'安定이 있다고 표현했다. 마땅히 있어야 할 '인정' 넘치는 농촌 풍경이 아니라, 원경原景에만 '안정'이 있는 고장인 것이다.

구상은 또한 자신의 지병(폐결핵)도 이념적 대립과 연결 지었다.

암담한 북녘 하늘
핼쑥한 해
검정을 쓴 구름
우중충한 산
음산한 공기

냉랭한 바람

와병臥病

장장長長

20년

침윤浸潤

객혈咯血

공동空洞

누루瘻

좌폐左肺를 파먹은 까마귀 떼
우폐右肺를 파먹은 갈가마귀 떼
잔들에 불이 난다.

쏟아져라
폭우
폭우
쳐라
벼락
벼락

저 이념理念이 허재비
머리 위에!
　　―「밭 일기 38」전문

앞부분의 처참한 '죽임'을 보노라면, '저 이념理念이 허재비'라는 명명이 통렬하기까지 하다. 암담, 핼쓱, 우중충, 음산, 냉랭, 침윤, 객혈, 공동, 누, 까마귀, 갈가마귀들이 표상하는 미만한 '죽임'의 밭에 "쏟아져라", "쳐라"
학 명령하는 육성에는 그러나 한탄이나 절규가 묻어 있다. 정신적·신체적으로 완비된 자들의 공세가 아니라, 얻어터지고 찢어져서 더는 견딜 수 없는 고통의 순간에 터져 나오는 단말마적인 비명으로 들린다.

실제로 구상은 폐결핵을 앓았다.[15] 2~4연까지의 내용은 직접적으로는 병과 싸워온 자신의 이력이다. 1연을 병증에 시달려온 황폐화된 내면을, 자신을 둘러싸고 있는 자연에 투사한 것으로 본다면, 5~6연의 "쏟아져라", "쳐라"도 개인적인 차원의 비명으로 읽을 수 있다. 그러나 '저 이념理念이 허재비'를 통해 구상은 시행의 의미 맥락을 완연히 이중화시키면서 폐결핵과 한국전쟁과 그 후 현대사의 이념 대립을 강렬하게 비판하는 데 성공하고 있다. 그리고,

> 밤비가 지나간
> 밭은
>
> 새벽같이 일어나서
> 세수하고
>
> 아침해를 받으며
> 머리를 참빗질 한다.
> ―「밭 일기 15」 전문

구상은 숱한 '죽임'의 고통을 이겨내고 이렇게 맑은 아침 밭을 보고자 했다. 새벽같이 일어나 깨끗하게 세수하고, 참빗으로 머릿결 곱게 빗은 다음

---

[15] 「밭 일기 40」은 폐 수술의 구체적인 상황 묘사와 그 이후 장기간의 치료 과정을 상세히 기록한 시편이다.

맑고 맑은 '아침 밭'을 보고 싶어했다. 그 간절한 마음의 강도는 101편에 이르는 연작시를 낳게 했다. 그는 끝내 '죽임'을 이겨내고자 했다. 대립과 투쟁을 넘어 "신록의 밭"(「밭 일기 61」)을 보고자 했다.

3. '진리'와 '신비' - 연작시 「모과 옹두리에도 사연이」

니체에게 진리는 무너뜨려야 할 대상이었다. 그는 진리가 만들어 놓은 세계를 뒤흔들어 그것이 사라진 진짜 세계를 마주하고자 했다. 진리가 제거되지 않고는 살육은 멈출 수 없으며, 진리가 지시하는 본질적인 참됨을 거부하고 그것이 고수하는 절대적 이상을 배격해야 한다고 생각했다. 니체는 모든 가능성을 차단하는 진리, 모든 긍정을 부정하는 진리를 넘어서고자 했다.

또한 니체는 진리를 고집하는 이념의 제왕을 지워야 했다. 그/그녀는 윤리적이고 도덕적이지만, 동시에 전제적이고 폭력적이라고 보았다. 옳음을 향한 그/그녀의 순정한 열망은 세계를 나누고 부수고 공격한다. 하나의 진리가 무한의 진리를 파괴하는 용납할 수 없는 죄악을 인류사는 그대로 기록해 놓았다. 그러므로 참다운 시인이라면 진리와 싸우고, "진리 개념을 비극화해야 한다."[16]

진리와 비진리의 경계를 무너뜨리고 옳음과 그름의 장벽을 부순 자리에 구상의 시가 있다. 예수를 향해 "당신의 참모습은 과연 어떤 것인가?"라고 그가 한 생을 걸고 내던진 절박한 질문의 답은 아래와 같다.

> 당신은 사상가가 아니었다.
> 당신은 도덕가가 아니었다.
> 당신은 현세의 경륜가가 아니었다.

---

[16] 질 들뢰즈, 이경신 옮김, 『니체와 철학』, 민음사, 2016, 175쪽.

아니, 당신은 종교의 창시자도 아니었다.

　　그래서 당신은 어떤 지식을 가르치지 않았다.
　　당신은 어떤 규범을 가르치지 않았다.
　　당신은 어떤 사회혁신운동을 일으키지 않았다.
　　또한 당신은 어떤 해탈을 가르치지 않았다.
　　　　―「나자렛 예수」 부분

　이것은 '지금-여기'를 있는 그대로 받아들이는 현실주의자의 행동이다. 세계의 바깥에 다른 세계를 세워 그곳이 우리가 가야 할 곳이며, 우리의 미래라고 말하는 진리의 수호자들과 달리 시인은 세계 안에서 시시각각 운동하는 그것의 실체를 있는 그대로 인정하는 사람이다. 그는 세계를 둘로 나누지 않고 무한으로 나눈다. 차이를 보되 차별하지 않는다. 이것이 구상의 윤리의식이다.

　신은 죽었다. 규범이 되는 신, 법칙을 제시하는 신, 명령하는 신은 죽었다. "예수는 자유로운 정신의 소유자라서 고정된 모든 것을 인정하지 않았다."고 니체는 말한다. "예수는 문화라는 것을 알지 못하므로 문화와 싸우는 일도 없으며, 부정하지도 않는다. 국가, 사회, 노동, 전쟁 등에 대해서도 마찬가지다."[17] 예수에게 진리는 없다. 그는 진정한 자유인이다.

　예수는 규범을 제시하지 않았으며, 법칙에 따라 살지 않았다. 그는 명령하기는커녕 끊임없이 '아버지'에게 질문하며 그분의 뜻을 따랐다. 니체는 다시 말한다.

　　예수의 가르침은 이렇다.
　　자신에게 악의를 품고 있는 사람에 대해서는 말로도 마음으로도

---

[17] 프리드리히 니체, 곽복록 옮김, 『비극의 탄생 / 즐거운 지식』, 동서문화사, 2016, 489쪽.

맞서지 않는다.
유대인과 비유대인을 구별하지 않는다.
누구에게도 화내지 않으며, 누구도 경멸하지 않는다.
법정에 나서지 않고, 나서라고 요구하지도 않는다.
어떤 경우라도, 아내의 부정이 밝혀진 경우라도 이혼하지 않는다.
예수는 이런 가르침을 실행에 옮기려고 했다.[18]

신은 대립을 모른다. 부정을 모른다. 신에게는 세계 자체가 없다. 우리가 애써 구성하는 세계, 절실하게 상상하는 세계는 신에게 없다. 그러므로 신은 '신비' 그 자체다. 스콜라철학의 역사를 통해 수없이 명멸한 인간적·이성적 노력에도 불구하고 신비에 대한 정확한 풀이는 '알 수 없음'이다.

그러나 니체는 신비를 보지 못했다. 니체는 그가 그토록 맹렬히 비판한 칸트적 이성의 눈으로 보았으므로 진리의 폭력성은 인식할 수 있었지만, 신비의 힘은 믿을 수 없었다. 그는 가톨릭교회의 역사를 예수의 실체를 상징화하고 왜곡해 온 역사로 보았다.[19] 그는 동정녀의 몸에서 태어난 예수, 부활한 예수를 믿으려 하지 않았다.[20] 니체에게 예수는 본질주의 철학의 이원론적 체계를 넘어서기 위한 분석의 대상이었지, 믿음의 대상이 아니었다.

생명체로서 인간은 장구한 시간 동안 기원을 찾으려 노력해 왔다. 그러나 끝내 실패하고 말 것이다. 물리적 증거는 끊임없이 사라졌고, 사라질 것이기 때문이다. 칸트적 인식론이 근본적으로 인과율에 의거해 이성을 비

---

18 프리드리히 니체, 앞의 책, 490쪽.
19 프리드리히 니체, 앞의 책, 492쪽.
20 "교회는 그리스도교를 널리 퍼뜨리기 위해 고대 그리스의 에로틱한 이야기를 끌어들이더니 마침내는 '성모 마리아는 처녀의 몸으로 임신했다.' 말하기 시작했다. 어떻게 그런 일이 일어날 수 있단 말인가. …(중략)… 예수가 죽은 것은 '인간을 구원'하기 위해서가 아니라, '어떻게 살아야 하는가'를 보여 주기 위해서였다." 프리드리히 니체, 앞의 책, 491쪽.

판한 체계라는 점에서 니체 역시 그에 의지했기에 그리스도교적 '신비'는 받아들일 수 없었다. 구상과 달리 니체가 발견한 것은 인간의 참담한 실패였지, '참다운 신비'가 아니었다. 그가 말한 권력의지나 힘도 결국 인간적인 차원에 머문 것이었다.

구상에게 '알 수 없음'은 오류도 아니고 부끄러움도 아니다. 신비를 신비로 받아들이는 것은 솔직하고 정당한 인간적 고백이다. 그런 점에서 구상의 연작시「모과 옹두리에도 사연이」를 분석한 페기 로젠탈의 시각은 돋보인다. 로젠탈은 프랑스 시인 샤를 페기(Charles Péguy, 1873-1914)와 비교하면서 "구상의 시 안에서 들리는 서사적 목소리는 그 자신의 페르소나이며, 대체로 자전적인 것"이라며 "특정한 순간들에 발현되는 구상의 예수를 접하게 된다."[21]고 했다.

    고삐 꿴
    거품 뿜고
    침 흘리는 소.

    네 살, 나에게 비로소 있음이
    예루살렘 여인네가 내민 수건에
    피땀으로 인印쳐진 사형수死刑囚의
    바로 그런 소 얼굴.

    묵화墨畵의 산에 미끄럼대로 걸린
    진노을 황톳길
    앞 달구지에 얹혀

---

[21] Peggy Rosenthal, *THE POETS' JESUS - Representations at the End of a Millennium*, Oxford University Press, 2000, p.157.

밧줄로 묶인 이조李朝 장롱을 싣고
뒤따르던 그 소 얼굴에서
나의 새 순은 움트며 흐느꼈다.
―「모과 옹두리에도 사연이 1」 전문

　예수를 '소'로 본 이미지에 주목한 로젠탈은 구상의 "절제하는 동양적 미묘함"에 견주어 "교회의 독트린 전체를 아우르고자 하는 확장적 시도"[22]를 보여준 샤를 페기와 대조적인 특질을 읽어냈다. 두 시인 모두에게 예수는 신비로서 현존하지만, 페기의 시 세계가 "교회의 가르침 안에서 생기를 갖는 신학적 미덕"이라면, 구상의 그것은 "신비에 대한 개인적 깨달음"[23]이라는 분석이다. 구상은 삶의 고비마다 신비를 경험했으며, 예수를 만났다.
　특히 로젠탈은 구상의 '소'를 불교와 연관 지었다. "구상 시의 특색은 불교적 자비와 세상의 덧없음에 대한 인식"이며, 이로 인해 구상이 "한국 문단의 리더가 될 수 있었을 거라는 게 쉽게 이해된다."[24]고 덧붙였다. 이는 「그리스도 폴의 江」에서 불교적 상상력을 읽어낸 정효구의 관점에 견주어 주목되는 바이다. 정효구는 「그리스도 폴의 江」에서 불교적 인간관과 현실관을 보았다.
　그에 따르면 불교적 인간관이란 "인간이 그 자체로 불성, 곧 '신성한 실재'를 지닌 존재라는 인식과 더불어, 그런 인간들이 회심과 수행을 통하여 진리 혹은 신성한 그 자체가 될 수 있다는 믿음"이다. 또 불교적 현실관이란 "깨닫지 못한 인간들이 사는 이 세상은 예토이지만 그 인간들이 눈을 뜨고 정진을 한다면 지금/이곳에서 정토의 구현이 가능하다는 생각"[25]이다.
　로젠탈은 구상 시 곳곳에 등장하는 불교적 모티브나 이미지, 용어와 상

22　Peggy Rosenthal, op. cit., p.158.
23　Peggy Rosenthal, op. cit., p.159.
24　Peggy Rosenthal, op. cit., p.156.
25　정효구,「具常의『그리스도 폴의 江』과 불교적 상상력」,『한국문학논총』제74집, 2016, 132쪽.

징, 성철이나 중광 등과 같은 승려들을 통한 메시지를 예민하게 주시하여 그것에서 샤를 페기와 다른 구상의 동양적 바탕을 이해했다. 불교적 인간이 '신성한 실재'이고 그가 정진하여 정토를 구현할 수 있다면, 그리스도교적 인간은 탄생-죽음-부활의 신비를 통해 구원을 약속한 예수의 가르침을 따라 회개하고 기도하는 삶을 살면 된다. 로젠탈이 보기에 구상은 불교적·동양적 바탕 위에 그리스도교의 신비를 자기화한 시인이다.

「모과 옹두리에도 사연이」는 2002년 노경에 쓴 10편을 포함하여 모두 100편에 이르는 방대한 연작시이다. 1970년 『현대시학』 11월호에 첫 편을 발표한 이래 1983년 3월호까지 연재 기간만 해도 12년 5개월이 걸린 여정이었다. 로젠탈의 언급과 같이 「모과 옹두리에도 사연이」는 상당수 시편에 시인 자신의 연대기적 정보를 각주로 단 자전적 작품이다.[26] 아버지를 따라 서울에서 원산으로 이사를 떠나던 4살 때부터 79세의 일기로 마감된다.

구상은 유아세례를 받은 가톨릭신자[27]로서 자신의 평생을 시화함으로써 신비로서의 삶을 가감 없이 돌이켜 보고자 했다. 그 점에서 소를 예수로 인식한 첫 작품부터 시사적이다. 그것은 물론 부침과 신산고초의 시간이자 쓰라린 사건의 연속이었지만, 구세주 예수를 준거점으로 하여 자신을 반성하고 성찰함으로써 삶의 신비를 드러내는 과정이었다.

그런 점에서 구상은 샤를 페기보다 영국의 제라드 맨리 홉킨스(Gerard Manley Hopkins, 1844-1889)와 친연성이 있다고 분석한 로젠탈의 시각은 수긍할 만하다. 로젠탈은 "홉킨스에게 그리스도는 생생하게 살아 있는 현존"이었다며 "언제나 가장 비싼 값의 지극한 사랑(dearest)으로 인간을 되사들

---

[26] 가령 첫 작품의 각주는 다음과 같다. "나는 네 살 때 북한 원산지구의 선교를 맡게 된 독일계 가톨릭 성 베네딕도 수도원의 교육 사업을 위촉받은 아버지를 따라 그 교외인 덕원이란 곳으로 가서 자란다. 이것이 바로 그 이사 때의 기억."

[27] 유아세례와 관련하여 「나자렛 예수」에 나음과 같은 표현이 보인다.
"내가 탯줄에서 떨어지자 맺어져 / 나의 삶의 바탕이 되고, 길이 되고, / 때로는 멀리하고 싶고 귀찮게 여겨지고, / 때로는 좌절과 절망까지 안겨 주고, / 때로는 너무나 익숙하면서도 / 생판 낯설어 보이는 당신, / 당신의 참모습은 과연 어떤 것인가?" (「나자렛 예수」 8연)

이는 사랑의 화신으로서의 '예수'보다는 구원자로서의 '그리스도'였다"[28]고 했다. 구상 역시 강과 밭과 나무와 같은 자연 속에 예수의 영원한 현존과 구원의 약속이 있음을 시로 표현해 왔음은 주지의 사실이다.

> 목숨을 부지하려는 일념과
> 펜을 잡는다는 매혹에
> 식민지 어용신문의 기자가 되어
> 용왕 앞의 토끼처럼 쓸개는 떼어놓고
> 날마다 성전송과 공출독려문을 써댔다.
>
> 부역과 친일이 또 따로 없으련만
> 이율배반의 그 탈을 이제껏 못 벗어
> 그날의 나를 울지 못한다.
> ―「모과 옹두리에도 사연이 13」 부분
>
> 그것은 가려움이었다.
> 온 몸에 옴이 오른 것 같은
> 정신의 미칠 듯한
> 가려움이었다.
>
> 나는 이 소양증搔癢症을
> 잠시라도 잊으려고
> 음란에 빠져들었다.
> 범접犯接하고 난 후의
> 그 허망감!

---

[28] Peggy Rosenthal, op. cit., p. 160.

바로 그것만이 약이었다.
　　　　—「모과 옹두리에도 사연이 58」 부분

　두 편 모두 강렬한 자기반성의 결과물이다. 일제 총독부의 기관지 〈북선매일신문〉 기자가 되어 '성전송'과 '공출독려문'을 써댄 자신을 날카롭게 고발하는가 하면, 미칠 듯한 정신의 가려움 끝에 음란에 빠져들어 범접한 사실까지 드러냈다. "그날의 나를 울지 못한다"는 통절한 반성과 "그 허망감! / 바로 그것만이 약이었다."는 뼈저린 고백은 그에게 절대적 사랑의 준거로서 예수가 엄존했기에 가능한 일이었다.

　구상은 수치심을 인간 본연의 자질이자 구원의 가능성으로 보았다. 그에게 수치심은 "인간 최초의 것이요, 본연의 것이요, 인간 구제의 가능성이요, 모든 규범의 시원"[29]이었다. 구상은 심지어「모과 옹두리에도 사연이 49」에서 "수치심이야말로 인간의 최초의 것이요, / 인간 구제의 가능성이라는 것을 왜 깨닫지 못한단 말인가? / 친구여, 서양 친구여!"라며 탄식하기까지 했다. 이런 견결한 자의식이 있었기에 위와 같은 반성과 고백이 가능했다.

　　동란이 멈칫한 어느 전선 전초기지의 참호 안, 임무를 교대한 우리
　　사병들과 흑인 병사 서너 명이 막걸리판을 벌이고 있다.

　　…(중략)…

　　동이 트는 고지에
　　혼백처럼 태극기가 휘날린다.
　　적, 아군의 시체가 즐비하다.

---

[29] 구상,『시와 삶의 노트』(구상문학총서 제6권), 홍성사, 2007, 49쪽.

흑인 병정 시체의 목에서 빠져 나온
군번패軍番牌가 아침 햇살에 유난히 번뜩인다.
　　　―「모과 옹두리에도 사연이 39」부분

내가 만일 조국을 팔았다면
그 앞잡이가 되었다면
또 그 손에 놀아났다면
재판장님!
징역이 아니라
사형死刑을 내려 주십시오.

…(중략)…

재판장님!
무죄가 아니면
진정, 사형을 내려 주십시오.
　　　―「모과 옹두리에도 사연이 47」부분

국민으로서는 열여덟 해나 받든 지도자요
개인으로다 서른 해나 된 오랜 친구,
하느님! 하찮은 저의 축원이오나
인류의 속죄양贖罪羊, 예수의 이름으로 비오니
그의 영혼이 당신 안에 고이 쉬게 하소서.
　　　―「모과 옹두리에도 사연이 87」부분

「모과 옹두리에도 사연이 39」는 전투 장면을 다루고 있다. "너나 나나 나라가 다르고, 민족이 다르고, 고향이 다르고, 부모가 다르고, 피부가 다르고, 또 모든 게 다 다른데 오직 같은 게 있으니 그것은 너나 나나 졸병이라는 것과 죽을 날짜가 똑같다"라며 막걸리에 취한 한흑韓黑 병사들이 부둥켜안은 채 "옳소, 옳소. 그건 반공통일보다 더 옳소." 하고 외치는 모습은 이념 앞에서 처절한 죽음을 맞이할 수밖에 없었던 인간적 비극의 표현이다.

이념은 진리를 향한 인간의 열망이 낳은 반인간적인 폭력의 기제이다. 이념은 올바름에 대하여 그릇됨을 비판하고 공격하고 파괴한다. 이념은 자신의 윤리를 타자에게 강요하며, 진리의 이름으로 단죄한다. 이념은 긍정보다는 부정을, 통합보다는 분리를 야기한다. 이념의 얼굴을 한 진리의 추종자들이 저지른 죄악에 끝이 없다. 이것이 니체가 진리 개념을 비극화해야 한다고 역설한 이유이다.

구상은 이념에 구속되지 않았으며, 때로는 그것을 넘어 보편적 자유의 관철을 위해 목숨을 걸 수도 있다고 선언했다. 「모과 옹두리에도 사연이 47」에서 구상은 "이승만 정권의 전횡에 대한 계속적인 필자의 저항은 마침내 1959년에 이르러 옥고마저 치르게 한다."는 각주를 달아 놓았다. 작품 말미에 시작試作 시점을 1959년 10월 21일로 명기해 놓기도 했다. "무죄가 아니면 / 진정, 사형을 내려 주십시오."라는 표현은 그러므로 당당한 선언이다.

1979년 10월 26일 박정희 대통령이 측근의 총에 불운한 죽임을 당하자 구상은 시를 썼다. 각주에 '진혼축鎭魂祝'이라고 표기해 놓았다. 「모과 옹두리에도 사연이 87」은 대통령이자 친구인 박정희를 추모하면서 "설령 그가 당신 뜻에 어긋난 잘못이 있었거나 / 그 스스로가 깨닫지 못한 허물이 있었더라도 …(중략)… 그의 영혼이 당신 안에 길이 살게 하소서"라고 기도했다. 구상은 인간의 윤리가 아니라 하느님의 신비 안에서 대립과 부정을 넘어서서 한 인간의 죽음을 애도할 수 있었다.

이처럼 「모과 옹두리에도 사연이」는 격동의 현대사를 살아낸 구상의 자전적 고백의 시편들이다. 한국사의 전면과 후면을 관통하는 시간 속에서 자신이 겪은 삶의 현장이 공간적으로 접속돼 있다. 그것은 확실히 "부침과 신산고초의 시간이자 쓰라린 사건의 연속이었지만, 구세주 예수를 준거점으로 하여 자신을 반성하고 성찰함으로써 삶의 신비를 드러내는 과정"이었다.

바닷가의 조개껍데기처럼
비린내 나는 육신과는 헤어지고
세상 파도에서는 밀려나
칠순의 나이를 살고 있다.

나를 이제껏 살아남게 한 것은
나의 성명性命의 강하고 장함에서가 아니라
그 허약에서다.

모과나무가 모과나무가 된 까닭을 모르듯이
나 역시 왜 시인이 되었는지를
스스로도 모른다.

한 마디로 이제까지의 나의 생애는
천사의 날개를 달고
칠죄七罪의 연못을 휘저어 온
모험과 착오의 연속,
나의 심신의 발자취는
모과 옹두리처럼 사연투성이다.

예서 앞길이 보이지 않기론
지나온 길이나 매양이지만

오직 보이지 않는 손이 이끌고 있음을

나는 믿는다.

　　　―「모과 옹두리에도 사연이 89」 전문

구상은 인간적 '진리'에 반대하는 삶, 대립과 부정을 무너뜨리는 삶을 살았다. 그는 '나자렛 예수'의 신비와 '그리스도 폴'의 가르침을 실천하면서 평생을 시인이자 교육자, 언론인으로서 살았다. 「모과 옹두리에도 사연이」 연작은 그러한 자신의 삶에 대한 고백이자 반성이며, 성찰이자 기도이다.

4. '죽음'과 '진리'를 넘어 영원회귀로

구상은 「모과 옹두리에도 사연이」 연작에서 진리와 비진리의 경계를 무너뜨리고 옳음과 그름의 장벽을 넘어섰다. 진리가 지시하는 본질적인 대립적 세계관이 유발한 전쟁과 살육의 세계가 아니라 대긍정의 비대립적 세계를 구축하기 위해 구상은 신을 벗어났다. 규범이 되는 신, 법칙을 제시하는 신, 명령하는 신을 벗어남으로써 구상은 믿음의 대상으로서 참다운 예수를 만날 수 있었다.

이러한 구상의 노력은 진리를 무너뜨려야 한다고 한 니체의 문제의식과 다르지 않은 것이었다. 니체 역시 모든 가능성을 차단하는 진리, 모든 긍정을 부정하는 진리를 넘어서고자 했다. 그러나 니체가 '구원의 계시'라는 신앙의 신비를 인정하지 않았던 것과 달리 구상은 그리스도교의 신비를 자기화한 시인이었다. 니체가 이성의 눈으로 세상을 본 것과 달리 구상은 구원자로서의 예수를 믿었다.

그런 점에서 구상은 니체적 영원회귀가 아니라 '믿음'과 '신비'로서의 영원회귀 의식을 보여주었다. 탈코드화되고 탈규범화된 세계의 불규칙하고 우발적인 생성의 과정이 영원히 반복되는 니체적 영원회귀와 달리 구상에게 그것은 모든 대립이 사라진 대긍정의 영원회귀였다. 「모과 옹두리에도 사연이」 연작은 그러한 그의 시 의식이 전면화된 작품이다.

구상은 「밭 일기」 연작에서도 '죽임'의 극복을 통해 '삶'과 '죽음'을 연결하는 긍정의 사유를 보여주었다. 삶이 죽음과 대립하지 않는다는 것은 인간의 조건을 단절이 아니라 연속으로 인식하는 일이다. 생명의 경계를 무한으로 연결 짓는 영원회귀의 다른 표현이기도 하다. 구상에게 '밭'은 '죽임'에 저항하는 '절박한 기도'였다. 구상이 101편에 이르는 방대한 '밭' 연작을 창작한 것은, 그 분량만큼이나 절박감의 강도가 컸음을 의미한다.

구상은 숱한 '죽임'의 고통을 이겨내고 맑게 빛나는 아침 밭을 보고자 했다. 새벽같이 일어나 깨끗하게 세수하고, 참빗으로 머릿결 곱게 빗은 다음 맑고 맑은 '아침 밭'을 보고 싶어했다. 그 간절한 마음의 강도로 끝내 '죽임'을 이겨내고자 했다. 대립과 투쟁을 넘어 '신록의 밭'을 보고자 했다.

본고는 구상의 연작시 「밭 일기」와 「모과 옹두리에도 사연이」를 통해 그의 작품이 보여주는 영원회귀 의식에 주목했다. 구상에게 그것은 크게 두 가지 양상으로 시화되었다고 볼 수 있다. 하나는 '진리'에 대응하는 '신비'의 영원회귀이고, 다른 하나는 '죽임'에 저항하는 절박한 '기도'의 영원회귀였다.

구상은 '구원의 계시'라고 하는 가톨릭 신앙의 신비를 불신한 적이 없다. 마찬가지로 그는 삶-죽음의 연속성을 투철하게 인식했다. 그렇기 때문에 구상은 '죽임'에 저항하는 절박한 '기도'의 형식으로써 연작시 창작에 몰두할 수 있었다.

구상의 위기의식과 연속성의 시적 사유
- 연작시 「까마귀」, 「그리스도 폴의 江」, 「유치찬란」을 중심으로

차례

1. 들어가며
2. 위기의식과 「까마귀」
3. 연속성의 시적 사유와 「그리스도 폴의 江」
4. 문학사회학적 효용과 「유치찬란」
5. 나오며

〈국문초록〉

시인 구상은 1919년 서울에서 태어나 2004년 작고하였다. 그는 한국 시사에서 연작시 형식의 개척자라는 평가를 받고 있으며 「초토의 시」, 「밭 일기」, 「까마귀」, 「그리스도 폴의 강」, 「모과 옹두리에도 사연이」, 「유치찬란」 등 많은 작품을 연작시로 발표하였다.

그 가운데 「까마귀」 연작이 출판된 1981년은 정치적 권위주의의 심화로 민주화 요구가 강하게 대두되던 시점이었다. 「까마귀」는 정치적·사회경제적 격동기라는 시대 배경 속에서 구상이 느낀 위기의식을 표현한 작품이다. 「그리스도 폴의 강」은 구상이 가졌던 연속성의 시적 사유를 보여준다. 그는 강을 통해 영원을 사유하고, 강물을 통해 비대립적 일의성을 실체화

함으로써 위기를 넘어서고자 했다. 그에게 단절되지 않는 연속은 모든 부정을 넘어 긍정의 세계에 도달하는 길이었다. 또한 구상은 시화詩話「유치찬란」에 일제시대와 분단, 한국전쟁, 4·19, 5·16, 신군부의 집권, 민주화운동 등 자신이 체험한 굴곡의 한국 현대사를 담았다. 이를 통해 구상은 위기의 인식과 그 극복이라는 자신의 전언을 후대에 전달하고자 했다.

구상의 연작시「까마귀」와「그리스도 폴의 江」,「유치찬란」은 각각 그의 위기의식과 그것을 극복하고자 하는 연속성의 시적 사유, 그리고 그러한 인식을 후대에 전하려는 문학사회학적 효용을 대변하고 있다. 본고는 이와 같은 관점이 성립할 수 있다는 점을 작품론적 분석을 통해 시도해 보고자 한다.

* 주제어 : 구상, 위기의식, 연속성, 시적 사유, 연작시, 문학사회학

1. 들어가며

구상의「까마귀」연작이 출판된 1981년은 공교롭게도 신군부의 지도자 전두환이 이른바 체육관 선거를 통해 제12대 대통령으로 취임한 해였다. 경제성장을 이끌던 박정희 대통령의 갑작스런 유고와 전두환 정권의 출범은 정치적 권위주의의 심화로 이어졌다. 출판 시기를 고려할 때「까마귀」는 1970년대 말에서 80년대 초에 창작되었던 것으로 추정할 수 있으며, 따라서 정치적·사회경제적 격동기라는 시대적 배경이 작품 전반에 관류하고 있음을 짐작할 수 있다.

「까마귀」연작에서 가장 많은 비중을 차지하는 주제는 정치권력의 폭주와 황금만능주의에 대한 경고이다. 연작은 크게 세 가지 주제론적 분석을 가능하게 한다. 첫째 성찰과 반성이 사라진 인간 세계에 대한 비판, 둘째 정치권력의 폭주와 황금만능주의에 대한 경고, 셋째 수도자적 정신과 경건한 삶의 회복을 위한 각성의 요구 등이 그것이다. 이와 같은 점에서 가

톨리시즘에 입각한 종교적 사색과 형이상학적 사유의 시편들을 남긴 구상의 시 세계에서 「까마귀」 연작은 독특한 위상을 갖는다. 그것은 매우 돋보이는 현실참여의 사례에 해당한다. 「까마귀」 연작은 구상의 위기의식의 소산이라고 할 수 있다. 그는 이를 연속성의 시적 사유를 통한 비대립적 세계를 시화함으로써 돌파하고자 하였다.

구상의 연작시집 『그리스도 폴의 江』은 그의 탄생 90주년과 더불어 '구상문학상' 제정을 기념해 2009년 발간되었다.[1] 그에 앞선 1985년에는 「밭 일기」 60편과 함께 「그리스도 폴의 강」 60편을 수록한 『구상연작시집』(시문학사)이 간행되었고, 그보다 10년 앞선 1975년에 출판된 『구상문학선』(성바오로출판사)에도 「강」이란 제목으로 10편이 수록되었다. 또 동명의 산문집이 '신앙 에세이'라는 부제로 발간되었다는 점에서 구상에게 '강'은 최소한 30여 년 이상 역점을 두고 천착해 나간 시적 테마였다.

「그리스도 폴의 江」이 보여주는 시간적 영원성은 연속을 사유하는 것이다. 과거와 현재와 미래를 분절하지 않고, 연속된 흐름으로 사유하는 것이다. 이것은 모든 시제를 '현재'로 만드는 일이기도 하다. 구상에게 단절되지 않는 연속은 모든 부정을 넘어 긍정의 세계에 도달하는 길이다. 「그리스도 폴의 江」은 특히 시간적 영원성과 공간적 일의성을 서정과 서사의 자유로운 배치를 통해 드러내고 있는 역점적 시편들이다. 구상은 강을 통해 영원을 사유하고, 강물을 통해 비대립적 일의성을 실체화했다.

구상은 시화詩話라고 부르는 에세이를 많이 남겼다. 「홀로와 더불어」에 대하여 동명의 시화가 있고, 「그리스도 폴의 江」에 대하여 같은 제목의 시화가 있다. 「초토의 시」에 대응해 「초토의 3경」이 있으며, 「노부부」와 「수의壽衣」에 대응해 「결혼생활의 비결」 등이 있다. 이러한 사실은 구상이 시화의 효용론적 가치를 매우 명확하게 인식하고 있었음을 말해 준다.

시화는 시적 형식에 '유래'나 '일사'를 포함함으로써 시인들의 내면과 생

---

1 본 작품론은 연작시 65편을 모두 수록한 홍성사 판 『그리스도 폴의 江』을 정본으로 한다.

활상의 감정들, 시대 상황과 문제의식을 표현하는 매체이다. 구상은 일제 강점기에 태어나 분단과 동란, 4·19와 5·16, 유신과 권위주의, 민주화운동이라는 다난한 현대사를 체험한 자신의 굴곡을 「유치찬란」에 담았다. 작품은 어떤 시적 기율에도 구애됨이 없는 자유로운 언어 경영과 가감 없는 삶의 고백으로 표현되어 있다. 고희에 이른 구상은 시화를 통해 자신의 전언을 후대에 물려주려는 의식을 가졌으며, 그것을 통해 일정한 문학사회학적 효용을 얻고자 했다.

구상의 연작시 「까마귀」, 「그리스도 폴의 江」, 「유치찬란」은 각각 그의 위기의식과 그것을 극복하고자 하는 연속성의 시적 사유, 그리고 그러한 인식을 후대에 전하려는 문학사회학적 효용을 대변하고 있는 것으로 보인다. 본고는 이와 같은 관점이 성립할 수 있다는 점을 작품론적 분석을 통해 시도해 보고자 한다.

2. 위기의식과 「까마귀」

우리에게 까마귀는 흉조凶鳥가 아니었지만 그렇다고 길조라 할 수도 없었다. "썩은 고기와 죽은 벌레로 배를"(「까마귀·3」) 채워서만 아니라 외양과 섭생과 생태가 모두 어떤 불길한 징조로 인식되어 왔다. 견우와 직녀의 만남을 가능케 한 오작교烏鵲橋의 한 축이었다는 극히 예외적인 사례를 제외하고 까마귀는 언제나 그 불길함으로 인해 인간의 위기의식을 자극하는 존재였다.

그런 까마귀가 들녘을 떠나 "봄놀이 버스가 들떠서 달리는 고속도로 한 복판에"(「까마귀·2」) 나타나는가 하면, "북악北岳 허리 고목 가지에 앉아"(「까마귀·3」) 세상살이를 굽어보기도 하고, '서울 여의도 아파트 숲'(「까마귀·5」, 「까마귀·10」)을 날아다니기도 한다. 사람들은 "저런 쓸모없는 재수 없는 날짐승이 / 아직도 살아남았나? 하는 표정"(「까마귀·11」)을 짓는다. 까마귀가 왜 인간 문명의 핵심부인 대도시에 나타났는지 무관심한 채 그저 세상살이에 바쁘기만 한 도시인의 삶을 구상은 더욱 위험한 신호로 보았다.

구상의 「까마귀」 연작 14편에 출발 지점이 있다면, 그곳은 마땅히 '까마귀'와 '인간'이 될 터이다. 그 핵심은 까마귀의 '경고'와 인간의 '무관심'이다. 구상은 까마귀가 목숨을 걸고 알려주려는 위기를 철저히 무시하고 거부하는 인간을 보았다. 그러므로 시인은 까마귀와 인간을 연결해 둘 사이의 길항에 종지부를 찍어야 한다고 의식했다. 때문에 구상은 "오늘의 시인들의 불명不明이 이 시대를 이처럼 흐리게 하는 거지!"(「까마귀·5」)라며 탄식한 것이다.

세계를 예각적으로 인식하는 시인마저 제 역할을 다하지 못할 때 까마귀의 경고는 무의미해지고 인간의 삶은 여전히 구원받을 수 없게 된다. 스비아고 산[2] 속에 있던 '베네딕도의 까마귀'가 홀연 나타나 "그대는 요행을 피하고, 정조를 지키며, 진실을 살라!"(「까마귀·4」)는 아빠스[3]의 말을 전해도 아무 소용이 없는 것이다. 그러므로 구상의 「까마귀」 연작은 절박한 전언傳言의 체계가 된다. 절박함의 강도가 클수록 메시지는 강렬해지고, 세태가 난마 같을수록 시편의 길이도 늘어난다.

그런 점에서 연작시 「까마귀」의 출판 시점이 1981년이란 사실은 주목되어야 한다.[4] 산업화가 어느 정도 성숙돼 수출 100억 불을 달성(1977년)하는가 하면, 그 이면 현상으로 농촌 경제의 붕괴와 도시 빈민의 증가라는 사회경제적 결과가 노정된 때였다. 또 경제성장을 이끌던 박정희 대통령의 갑작스런 유고와 전두환 정권의 출범은 정치적 권위주의의 심화로 이어졌다. 출판 시기를 고려할 때 「까마귀」는 1970년대 말에서 80년대 초에 창작되었던 것으로 추정할 수 있으며, 따라서 정치적·사회경제적 격동기라는

---

2 스비아고 산은 가톨릭교회의 베네딕도(Benedictus, 480~547) 성인이 출가 후 처음으로 은수隱修 생활을 시작한 로마 근처의 산으로, 성인은 까마귀를 잘 사귀어 그것들의 도움을 받기도 하였다고 한다. 구상, 『개똥밭』(구상문학총서 제3권), 홍성사, 2004, 45쪽 각주 참조.
3 '아빠스'는 사부師父라는 뜻의 라틴어로 가톨릭교회에서는 수도원의 대원장을 부르는 호칭으로 쓰인다.
4 『까마귀』는 1981년 12월 15일 한국문학도서관에서 출판되었다.

시대적 배경이 작품 전반에 관류하고 있다고 보아야 한다.

서시에 해당하는 1편을 제외하고 「까마귀」 연작은 크게 세 가지 주제론적 분석을 가능하게 한다. 첫째 성찰과 반성이 사라진 인간 세계에 대한 비판, 둘째 정치권력의 폭주와 황금만능주의에 대한 경고, 셋째 수도자적 정신과 경건한 삶의 회복을 위한 각성의 요구 등이 그것이다. 이와 같은 점에서 가톨리시즘에 입각한 종교적 사색과 형이상학적 사유의 시편들을 남긴 구상의 시 세계에서 「까마귀」 연작은 독특한 위상을 갖는다. 그것은 매우 돋보이는 현실 참여의 사례에 해당한다.

까마귀는 말한다. 아니, 운다. "오산 인터체인지 근처 고속도로 한복판"에서 "역사를 각오한 듯" 울고 운다.

> 예전에는 내가 저 산등 나무 위에서 두세 번 목소리만 내어도 사람들은 걸음을 멈춰 **오늘의 자기 행신**行身**을 불안해하고, 자기 삶의 모습을 살피기도 하고, 죽음을 떠올려도 보고, 더러는 영원이라는 것도 생각들을 하더니**
>
> 까옥 까옥 까옥 까옥
>
> 요즘 세월은 어찌된 셈판인지 내가 이렇듯 아스팔트 한가운데까지 나와 기를 쓰고 우짖어대도 오고 가는 차 하나 멎기는커녕 그저 **줄달음치는 굳게 닫긴 차창**車窓 **속에서 저런 쓸모없는 날짐승이 아직도 살아남아 있었구나 하는 눈짓들**이니
>
> ─「까마귀·2」 부분(강조 - 인용자)

반성이 사라진 자리에 남는 것은 오만과 독선과 그로 인한 파멸이다. 성찰적 인간에게서 바로 그 '성찰'이 실종될 때 삶은 파편화되고 기형화되고 소외되고 만다. 자신이 삶을 속이면, 삶도 자신을 속이는 것이다. 그러므

로 까마귀는 울 뿐이다.

  까옥 까옥 까옥 까옥
  - 대뜸입니다만 세상살이가 왜 이다지 뒤틀려 가는 겝니까?
  카옥 카옥
  - 그야 그대, 시인들 탓이지!
  까옥 까옥 까옥
  - 뭐라고요? 우리 시인들 탓이라구요?
  카옥 카옥 카옥 카옥
  - 아무렴 그렇고 말고, 오늘의 시인들의 불명不明이 이 시대를 이처럼 흐리고 하는 거지!
          ―「까마귀·5」부분

 세상이 뒤틀린 이유는 물론 성찰과 반성이 사라졌기 때문이다. 그런데 '오대산'의 까마귀 중은 그것을 '서울 여의도 아파트 숲'에 사는 까마귀 시인 탓으로 돌린다. 시인들이 불명不明하기 때문에 이 시대가 흐려졌다고 한다. 속세의 풍진에 파묻혀 사는 인간들이 나락으로 추락할 때 시인이라도 앞장서서 성찰을 외치고 반성을 요구했어야 하는데 그렇지 못했다는 질타이다. 그리고 그것을 서울의 '까마귀 시인'은 솔직히 인정한다. "………?" 그는 아무런 응수를 할 수 없었던 것이다.

  까옥 까옥
  - 그럼요! 대체 그런 시가 어떤 것인가요?

  카옥 카옥 카옥 카옥 카옥 카옥

－왜 있지 않아? '색즉시공, 공즉시색色卽是空, 空卽是色'[5] 이라든가, '가난한 사람들아 너희는 행복하다. 지금 우는 사람들아 너희는 행복하다'[6]라든가!

　　　　　　—「까마귀·10」 부분

　지난 1년 동안 생각을 거듭해도 불명에서 벗어날 방법을 알 수 없었던 서울의 '까마귀 시인'은 명을 찾아 다시 오대산 늙은 '까마귀 중'을 만나러 갔다. 노오승老烏僧의 대답은 간단했다. 색과 부만을 좇지 말라는 것이었다. 색이 공이 되고 공이 색과 다르지 않은 것과 마찬가지로 가난한 사람들과 우는 사람들이 행복해지는 이치를 성찰하고 그렇지 못한 자신을 반성하라는 것이다.

　「까마귀」 연작에서 가장 많은 비중을 차지하는 주제가 정치권력의 폭주와 황금만능주의에 대한 경고이다. 3편, 6편, 7편, 8편, 11편, 12편, 13편 등 무려 일곱 편에 달한다. 양적으로도 다수를 차지하지만, 시적 상징과 표현의 측면에서도 대단히 날카로운 시편들이다. 가령,

　　까옥 까옥
　　－으스스하지?
　　까옥 까옥
　　－한여름인데!
　　까옥 까옥 까옥
　　－시청 옥상에 매가 나타났다며?
　　까옥 까옥 까옥

---

[5] "색이 공과 다르지 않고 공이 색과 다르지 않으며, 색이 곧 공이요 공이 곧 색이다."(色不異空 空不異色 色卽是空 空卽是色,『반야바라밀다심경』)

[6] 루카 6,20~21

- 마구 비둘기를 채간다나 봐.

까옥 까옥 까옥 까옥

- 까치들은 가둬놓고 비둘기들은 채가고

까옥 까옥 까옥 까옥

- 이 도성都城! 말씀이 아니군.

까옥 까옥 까옥 까옥 까옥

- 런던탑처럼 우리들도 붙잡아다 날개를 자르려 들지나 않을까?

까옥 까옥

- 무시무시!

—「까마귀·7」 전문

'무시무시'한 폭력을 상징하는 매와 그로 인해 고통 받는 비둘기와 까치와 까마귀의 대치선이 선명하다. 그 '폭력'이 정치권력을 표상하는 것은 매가 나타난 곳이 행정기관인 '시청'이기 때문이며, 11세기에 처음 세워진 이래 왕궁, 방어용 성채, 국사범의 감옥, 처형장, 무기고이자 왕실 보물 창고, 조폐국 등으로 이용되었던 런던탑이라는 절대왕권을 연상시키기 때문이다.

「까마귀·7」의 시구는 비록 정치권력을 명시적으로 지시하지는 않았지만, 동물에 빗댄 우화적 수법으로 인해 더욱 날카로운 시적 효과를 얻고 있다. 지시어와 지시 대상의 간격이 넓어질수록 시적 의미 공간은 심장해지는 법이다.

그래, 남산과 북한산에다 새집을 짓고
모이그릇과 급수시설을 한다며?
그뿐인가 겨울에는 조, 들깨, 번데기 등 먹이를
마련해 놓아준다는군.
새의 낙원 5개년 계획이라!

말만 들어도 황홀하이!
    하지만 특혜나 공것 너무 좋아 말라구,
    시청 옥상 철망 속의 까치 신세 모르나?
    설마 남산, 북한산에다 온통 철망을 씌울라구?

    …(중략)…

    남산과 북한산에서 내려온 이중섭李仲燮의 까마귀들이 마주앉아
    세상살이를 지저귀고 있었다.[7]
        ―「까마귀·12」부분

산업화 시대 국가 주도의 경제개발 5개년 계획에 빗대 '조류 경제 개발 계획'을 표현하면서 먹거리만 아니라 자유의 가치를 강조하고 있다. "말만 들어도 황홀하이!" 하며 반색하는 까마귀와 "특혜나 공것 너무 좋아 말라구" 하며 경계하는 까마귀는 사실 같은 존재이다. 그들이 '남'산과 '북'한산에서 내려온 까마귀라면 모두 같다. 그들은 '모든' 까마귀인 것이다. 황금에 눈이 멀어 철창 안에 갇힌 신세가 된 '까치'가 되어서는 안 되는 것이다.
그러므로 구상은 다음과 같이 말한다.

    속옷 두 벌의 가진 자는 한 벌을 헐벗은 사람에게 주고
    먹을 것이 넉넉한 사람은 굶주린 이와 나누어 먹고
    권세가 있는 사람은 약한 백성을 협박하거나, 속임수를 쓰지 말
    것이요,
    나라의 세금은 헐하고 공정하게 매겨야 하며

---

[7] 이 작품에는 "이 시는 이중섭의 〈달과 까마귀〉에서 그 배경만을 취했다."라는 각주를 달려 있다. 구상, 앞의 책, 59쪽 각주 참조.

거둬들임에 있어도 不正이 없어야 하느니라.

까옥 까옥 까옥 까옥
―「까마귀·3」부분

가톨리시즘의 정수를 체득한 시인답게 구상은 세례자 요한의 "예지와 진노"를 빌어 위와 같은 해법을 제시했다. 어쩌면 대단히 상식적인 요구이지만, 그 상식이 통하지 않는 때를 만나면 성인 세례자 요한마저 진노하게 되는 것이다. 그것은 눈이 멀고 귀가 먹은 짓이며, "마주 보고 달리는 기관차 같"은 죽음을 추구하는 행위이다.

그러므로 되찾아야 할 자세는 "요령을 피하고, 정조를 지키며, 진실을 살라!"는 베네딕도 성인의 주문이다. 더 이상 세속의 영리를 취하기 위해 갖은 요령을 부리고, 권력에 굴종하여 자신을 팔고, 허위와 가식에 내맡겨서는 안 된다. 자신의 내면을 향한 준엄한 양심고백을 통해 성인의 안내를 따라야 한다. 그럴 때 더는 스비아고 산 속 '베네딕도의 까마귀'가 한밤중에 나타나는 일은 없어질 터이다.

까옥 까옥 까옥 까옥

- 정녕, 진실로 고민하는 자는
절망하지 않느니.
―「까마귀·9」부분

우리는 절망하지 않기 위해 진실로 고민해야 한다. 내가 정녕 요령을 피하고 있는지, 정조를 지키고 있는지, 진실을 살고 있는지. 세속적인 바깥이 아니라 내면을 향해 귀를 기울이고 마음을 다해 경건한 삶을 살고자 노력할 때 우리는 '까마귀'의 경고를 듣지 않게 된다. 「까마귀」 연작은 무너져

가는 세상을 바라보면서도 아무것도 할 수 없는 현실을 인식한 시인 구상의 '명明'을 향한 간절한 염원이 담긴 위기의식의 소산이라고 할 수 있다.

3. 연속성의 시적 사유와 「그리스도 폴의 江」

『그리스도 폴의 江』은 구상 탄생 90주년과 '구상문학상' 제정을 기념해 2009년 발간되었다. 그에 앞선 1985년에는 「밭 일기」 60편과 함께 「그리스도 폴의 강」 60편을 수록한 『구상연작시집』(시문학사)이 간행되었고, 그보다 10년 앞선 1975년에 출판된 『구상문학선』(성바오로출판사)에도 「강」이란 제목으로 10편이 수록되었다. 또 동명의 산문집이 '신앙 에세이'라는 부제로 발간되었다는 점에서 시인 구상에게 있어 '강'은 최소한 30여 년 이상 역점을 두고 천착해 나간 시적 테마라고 할 수 있다.

「그리스도 폴의 江」은 한국 현대 시사에서 연작시 형식을 개척한 시인으로 평가받는 구상의 시적 노정 가운데에서도 가장 돋보이는 전면全面이며, 가장 높은 절정이며, 가장 깊은 내면의 반영이다. 시간적 영원성과 공간적 일의성의 합일이라는 시적 사유는 하나의 고원(plateau)을 형성하고 있으며, 서정과 서사의 통합과 분기라는 시적 형식은 무한의 지층(strate)을 구축하고 있다. 65편에 이르는 연작시의 분량 또한 노작의 어의에 부합하는 것은 물론이다.

시간적 영원성은 연속을 사유하는 일이다. 과거와 현재와 미래를 분절하지 않고, 연속된 흐름으로 사유하는 것이다. 이것은 모든 시제를 '현재'로 만드는 일이기도 하다. 상식에 반하는 듯한 이러한 시간관은 사실 연속의 철학사에 연면히 이어져 오고 있는 관념이다. 단절되지 않는 연속은 모든 부정을 넘어 긍정의 세계에 도달하는 길이다. 연속은 부정의 부정이라는 변증법이 아니며, 우후죽순에 가까운 우발적인 생성의 연속이다.

연속의 공간화를 주름과 펼침이라고 한다거나, 바로크식 종이접기라고 한다거나 상호 전제하는 텍스트라고 할 수도 있다. 하나와 하나들, 여럿과 여럿들, 무한을 향해 나아가는 급수라고 한다거나 아담이 죄지은 세계와 죄를 짓지 않은 세계의 공존이라고 할 수도 있다. 공간적 연속은 공존 가능한 모든 생성을 긍정하면서, 그것들이 초끈 운동처럼 내지르는 불협화음의 화음(chaosmos)을 세계의 실체로 인정한다. 공간적 일의성은 세상의 모든 대립에 대립하는 대긍정의 사유이다.

또한 「그리스도 폴의 江」은 서정과 서사의 경계를 뛰어넘는 분방한 시형詩形을 자유롭게 구사하면서 내용과 표현의 이중 분절을 실재화하고 있다. 내용의 형식과 내용의 실체가 있는 것처럼 표현의 형식과 표현의 실체가 있다. 서정시의 내용은 형식과 실체를 가지며, 서사적 표현도 형식과 실체를 갖는다. 구상에게 서정과 서사는 대립되는 두 개의 차원이 아니며, 어느 하나로 수렴되지 않는 내용과 표현의 이중적 자유를 구가한다.

내용과 표현의 일차원적 대립을 무너뜨리면서 들뢰즈는 '내용'이라고 불리는 것은 형식을 부여받은 질료이며, 따라서 '실체'와 '형식'이라는 두 가지 관점에서 그것을 고려해야 한다고 말했다.[8] 어떤 소재가 내용으로 선택되는가 하는 점은 '실체'의 관점에서, 그것이 어떤 특정한 질서를 가지면서 배치되는가 하는 차원은 '형식'의 관점에서 고려되어야 한다는 주장이다. 또 '표현'이라 불리는 것은 내용과의 관계 속에서 함수적 구조일 것이며, 그 구조가 갖는 고유한 조직화라는 관점에서는 '형식'을, 그에 따라 매우 우발적인 다양한 표현태가 나타나는 한에서는 '실체'라는 관점'에서 이해되어야 한다.

내용과 표현을 이중 분절의 지층으로 이해한 들뢰즈의 사유와 서정·서사를 넘나드는 구상의 시적 자유는 하나의 차원에 속한다. 이는 대립이 사라진 차원이며, 차이와 반복의 무한한 변주가 이루어지는 강렬함(intensité)들의 연속체이다. 이것은 자기 자신 위에서 진동하고, 정점이나 외부 목적을 향하지 않으면서 자기 자신을 전개하는, 강렬함들이 연속되는 지역이

---

[8] 질 들뢰즈 • 펠릭스 가타리, 김재인 옮김, 『천 개의 고원』, 새물결 출판사, 2003(4쇄), 92~93쪽.

다. "강렬함이 연속되는 일종의 고원이 오르가슴을 대체한다."[9] 또한 그것은 가장 첨예한 대립인 전쟁을 대체한다.

> 어제까지 너희의 목숨을 겨눠
> 방아쇠를 당기던 우리의 그 손으로
> 썩어 문드러진 살덩이와 뼈를 추려
> 그래도 양지 바른 두메를 골라
> 고이 파묻어 떼마저 입혔거니
> 죽음은 이렇듯 미움보다도 사랑보다도
> 더욱 신비스러운 것이로다.
> ―「초토의 시 11 - 적군 묘지 앞에서」 부분

> 아직도 얼음은 둘로 갈린 허리 응달에서
> 포문砲門, 총구銃口, 칼날처럼 줄줄이 번득이고
> 강 한복판 모래무덤들은 태극기를 만들기도 하고
> 제주도나 울릉도나 남해군도南海群島를 이루기도 하고
> 양측 기슭으론 진남포, 신의주
> 원산, 서호진西湖津, 청진항淸津港을 이루고 있다.
> ―「그리스도 폴의 江 - 32」 부분

1956년 간행된 『초토의 시』 연작은 한국전쟁과 전후의 피폐한 사회상을 가감 없이 표현했는가 하면, 이념 대립과 패권적 국제질서의 희생물인 동족상잔에도 불구하고 비대립적 존재론에 입각한 대긍정의 시적 사유를 보여준 바 있다. 연작시 「그리스도 폴의 江」 역시 대립의 참상을 기억하고 있는 시인의 고통스러운 내면을 겨울과 얼음에 비유하면서 그것을 해체하려

---

9   Gregory Bateson, *Steps to an Ecology of Mind*, New York : Ballantine Books, 1972, 113쪽.

는 강한 의지를 드러내고 있다. 두 작품은 30여 년의 시차를 두고 창작되었으면서도 대립에 반대하는 일관된 긍정의 사유가 녹아 있다.

「그리스도 폴의 江」은 특히 시간적 영원성과 공간적 일의성을 서정과 서사의 자유로운 배치를 통해 드러내고 있는 역점적 시편들이다. 구상은 강을 통해 영원을 사유하고, 강물을 통해 일의성을 실체화했다. 그리고 거기에서 자신의 사유를 종합할 가능성을 보았다. 그가 자신의 서실 '관수재觀水齋'에 '관수세심觀水洗心'이라는 편액[10]을 걸어두고 날마다 강을 찾은 이유이기도 하다.

> 그저 물이었다.
> 많은 물이었다.
> 많은 물이 하염없이
> 흘러가고 있었다.
>
> 흘러가면서 항상 제자리에 있었다.
> 제자리에 있으면서
> 순간마다 새로웠다.
>
> 새로우면서 과거와
> 이어져 있었다.
> 과거와 이어져 있으면서
> 미래와 이어져 있었다.
>
> 과거와 미래가 이어져서

---

10 "나의 서실書室 '관수재觀水齋'에는 / '관수세심觀水洗心'이라는 / 여초如初거사居士의 편액이 걸려 있다." 「그리스도 폴의 江 - 19」 부분

오직 현재 하나였다.
오직 하나인 현재가
여러 자기 얼굴을 하였다.

여러 가지 얼굴을 하고서
여러 가지 소리를 내었다.
여러 가지 소리를 내면서
모든 것에 무심하였다.

무심하면서 괴로워하고
괴로워하면서 무심하고
무심하게 죽어가고
죽어가면서 되살아왔다.
　　　　—「그리스도 폴의 江 - 11」 전문

　작품은 모두 6연 23행이다. 각 시행은 음보율에서 오는 가락과 대구법에서 오는 의미상의 리듬감을 띠면서 매우 음악적인 효과를 살려내고 있다. 길지도 짧지도 않은 시행들의 규칙성은 내용과 표현의 이중 분절을 드러내며 불협화음과 화음의 복합적 변주를 이룩하고 있다.
　제1연은 '그저'와 '많은'의 대구가 "물이었다"와 호응하면서, 또 '하염없이'와 연결되면서 풍성한 물줄기가 유장하게 '흘러가는' 강의 외연을 입체적으로 보여주고 있다. 제2연은 '흘러감'과 '제자리에 있음'이라는 모순된 사태를 한 몸으로 구현하고 있는 강의 속성을 표현하고 있다. 흘러가면서도 제자리에 있기 위해서는 순간마다 새로워야 하는 물리적 법칙도 빠뜨리지 않고 있다. 구상은 이러한 강의 속성을 통해 공간적 일의성을 실감나게 구현해냈다.
　제3연과 4연에서는 도약이 일어난다. 공간의 시간화, 혹은 연속의 전개를 통해 모든 시제를 현재화하고 있다. '순간마다' 새로워진 강은 과거와 이어지고 동시에 미래로 이어진다. 이렇게 "과거와 미래가 이어져서 / 오직 현재 하나"만 실재화된다. 이것이 영원성의 진정한 의미이다. 영원에는 과거와 미래가 따로 없다. 영원은 오직 현재만 있을 뿐이다.

제5연과 6연은 공간적 일의성과 시간적 연속성이 합일에 이른다. 공간적으로 '여러 가지 얼굴'은 시간적으로 오직 현재를 살며, "여러 가지 소리를 내면서 / 모든 것에 무심"하다. 동시에 "무심하면서 괴로워하고 / 괴로워하면서 무심"하다. 그리고 "무심하게 죽어가고 / 죽어가면서 되살아"온다. 이것은 니체적 영원회귀이다. 삶과 죽음의 경계를 넘지 못하고서는 영원히 회귀할 수 없으며, 영원히 회귀하는 것은 죽어서도 반드시 되살아온다.

삶이 죽음으로 나아가고, 죽음이 또한 삶을 낳는다고 생각해 보자. 아버지가 간 길을 어머니가 따라가고, 어머니가 걸어간 길을 아들과 딸이 뒤따른다고 하자. 마찬가지로 아들이 딸을 낳고, 딸이 아들을 본다고 하자. 이것은 끝없는 사람의 길, 삶도 죽음도 영원히 회귀한다. 그러므로 삶을 고통으로 여기는 만큼 죽음을 기뻐해야 하며, 죽음을 슬퍼하는 만큼 삶을 기쁨으로 느껴야 한다는 당위가 성립한다.

이것이 구상의 시적 긍정이다. 무한한 긍정이자 대긍정이다. 삶도 긍정이고 죽음도 긍정이듯 모든 '일어나는 일(혹은 생성)'[11]은 긍정이다. 대립을 무너뜨리고 모든 생성을 긍정하는 강렬함의 연속이 보인다. 그러므로 생성의 윤리학은 다시 인간으로 돌아온다. 그것은 대립을 해체하는 긍정, 부정적인 것들을 모두 부정하는 긍정이다. 「그리스도 폴의 江 - 11」이 보여주는 시적 성취는 모든 생성을 긍정하는 영원회귀의 시적 현현에 있다.

---

[11] "세계는 일어나는 모든 것이다(alles, was der Fall ist)." 루트비히 비트겐슈타인, 이영철 옮김, 『논리-철학논고』, 책세상, 2017(초판 12쇄), 19쪽.

도쿄 아세아시인회의 첫날을 마친 후 나는 동년배의 일본 시인 몇 명과 회의장 근처 목로주점에서 어울리게 되었다

좌흥座興이 무르익어가자 옆자리의 술이 거나해진 초로初老의 시인 한 분이,

- 한강이 그립습니다. 그 푸르게 넘쳐흐르던 한강이 미치게 그립습니다. 나의 소년시절의 요람인 한강. 그 양양洋洋한(그는 이렇게 표현했다) 흐름이 그립습니다.

음성을 떨면서 말했다. 나는 무망중,

- 서울엘 한번 오시죠, 와서 보시죠, 그 한강을!

대답을 하면서도 그가 그리는 그 '양양한 흐름'을 어찌 보여주나 하는 걱정이 앞섰다.

- 아니요, 제가 그 한강을 다시 보러 간다는 것은 한국인 여러분께 죄스러운 일이지요, 몰염치한 짓이지요, 제가 태어나서 자란 서울을 고향이라고 불러선 안 되듯이 말입니다.

그는 사뭇 괴로운 표정을 지었다. 나는 이 '시인의 예민한 양심'에 대꾸할 바를 모르고 있는데 이때 이 좌석을 마련한 건너편의 교포 시인이 말을 받았다.

- 자네, 또 한강타령이군, 시나 강이 언제 국적을 묻는다던가? 인종을 따진다던가? 사랑하는 사람만이 그것의 임자지, 눈물이 있는 사람을 위하여 시는 씌어지고 강은 흐르는 게야, 어서 가서 그 품에 안기게나. 사장沙場에 누워서 눈물어린 눈으로 한강의 그 진홍색 저녁노을을 바라보게나!

- 고마워, 그러나 내가 가선 안 돼! 이 '왜놈'이 또다시 그 강을 더럽혀선 안 돼!

이때 그는 마치 한강의 그 흐름을 바라보듯, 그 저녁노을을 바라보듯 먼 곳을 응시하며 말했다.

집이 여의도인 나는 오늘도 윤중제를 거닐면서 여기저기 둑을 쌓

아 물을 댄 논처럼 갈려 있고 여위고 상하여 군데군데 창자를 드러
낸 한강을 바라보며 그 일본 시인이 '양양한 흐름'의 추억을 보전하
기 위하여 영영 서울에 오지 말았으면 하는 생각과 새봄엔 나도 초
청해서 그에게 고향을 다시 찾게 해 주어야겠다는 엇갈리는 심정 속
에 있다.
　　　　ㅡ「그리스도 폴의 江 - 47」 전문

대립의 기억을 가슴 깊이 품고 있는 한 양심적 시인의 일화가 소개된 제 47편은 언뜻 보기에 산문으로 보인다. 시간을 따라 사건이 전개되는 완벽한 서사이다. 제시된 사건에 신뢰성을 부여하는 "(그는 이렇게 표현했다)"는 지문까지 가세해[12] 서정시가 대세를 이룬 「그리스도 폴의 江」의 이례적인 양상으로 비쳐지기도 한다.

그러나 (1)소년 시절의 요람인 한강을 그리워하면서도 찾을 수 없고, 태어나고 자란 서울을 고향이라고 부를 수 없는 한 일본 시인의 '양심'과 (2)"시나 강이 언제 국적을 묻는다던가?" "사랑하는 사람만이 그것의 임자지" 하며 어서 가서 그 품에 안기라는 교포 시인의 '격려'와 (3)'양양한 흐름'을 더는 보여줄 수 없는 한강 곁에 사는 시적 화자가 그 일본 시인을 초청하려는 마음과 서울에 영영 오지 말았으면 하는 생각으로 내면적 '갈등'에 휩싸인 현실은 서사를 넘어 서정의 경계 속으로 진입한다.

외적으로 드러난 사건과 내적으로 엇갈린 세 사람의 마음의 층위가 서로 조응하면서 이 작품은 여느 기운 빠진 서정시가 흔히 보여주는 긴장 없이 물컹한 감성을 뛰어넘는 박진감 넘치는 시편으로 태어났다.

이것은 갯목에서 벌어진 굿에서 무당이 물에 빠져 죽은 사람의 혼백으로 삼았던 닭 한 마리를 나눠 먹은 시몬이라는 소신학생小神學生의 허무한 죽

---

[12] 필자는 이 지점을 구상 시의 '무기교의 기교'가 드러난 부분으로 보고 있다. 사실 보고에 가까운 이 표현이 들어감으로써 시편 전체가 입체적 임장감을 띠게 된다.

음을 다룬 제40편이라든가, 공초 오상순이 세상을 떠날 무렵 "자유가 나를 구속했었구나"라는 엄청난 말씀을 남겼다고 고백하는 제42편은 물론 그리스도 폴 성인이 예수님처럼 홀연 물 위를 더벅더벅 걸어와 "요한 형제![13] 이 도둑놈, 사기꾼아! …(중략)… 다시 시작해라, 강과 더불어 쉼 없이!"라며 타박하는 이야기를 담은 제59편 등에서 보이는 바 서사와 서정의 경계를 뛰어넘는 분방한 시적 경영이라고 할 수 있다.

> 그리스도 폴!
> 나도 당신처럼 강을
> 회심回心의 일터로 삼습니다
>
> …(중략)…
>
> 당신의 그 단순하고 소박한
> 수행修行을 흉내라도 내 가노라면
> 당신이 그 어느 날 지친 끝에
> 고대하던 사랑의 화신을 만나듯
> 나의 시도 구원의 빛을 보리라는
> 그런 바람과 믿음 속에서
> 당신을 따라 강에 나아갑니다.
> ―「그리스도 폴의 江 - 프롤로그」 부분

가톨릭교회의 성인 그리스도 폴의 그리스어 이름은 Χριστοφορος(크리스토포로스)이며, 이는 구세주를 뜻하는 Χριστος(그리스도)와 '데려가다, 운반하다'라는 뜻의 φερω(페로)가 합성된 말이다. 그는 기골이 장대하고 힘

---

13 구상 시인의 세례명은 '세례자 요한'이다.

센 청년으로 자라나 세상에서 가장 힘이 세고 용감한 사람을 주인으로 섬기겠다고 결심했는데, 어느 날 한 아이를 어깨에 메고 강을 건너려는데 그 아이의 무게가 점점 무거워지더니 결국 온 세상을 어깨에 짊어진 것처럼 무거워 강을 건널 수 없었다고 한다.[14]

그 아이는 그리스도 폴에게 "너는 지금 전 세계를 옮기고 있다. 나는 네가 찾던 세상의 창조주이며 구세주인 예수 그리스도이다"라고 말하며 강을 건널 때 사용하던 막대기를 땅에 꽂아보라고 했고, 그랬더니 그것은 커다란 종려나무로 자라 많은 열매를 맺었다고 한다. 그는 여행자와 운전자의 수호성인으로 동서방 교회를 막론하고 대중적으로 많은 사랑을 받는 성인 가운데 한 명이다.

구상이 많은 성인들 가운데 그리스도 폴을 사부로 삼은 것[15]은 물론 강 때문이다. 성인이 강을 건너는 사람을 도우며 생계를 이었듯이, 시인은 강을 회심의 일터로 삼기로 결심하였다. 성인은 "어느 날 지친 끝에" 사랑의 화신을 만났으며, 시인은 30여 년이 넘는 시간을 관수세심하는 성찰과 반성과 고백 끝에 영원성과 일의성을 통섭하고, 서정과 서사의 경계를 무너뜨렸다. 구상은 연작시 「그리스도 폴의 江」을 통해 여럿과 구별되지 않는 하나의 '고원'을 세웠고, 하나와 다르지 않은 무한의 '지층'을 다졌다.

4. 문학사회학적 효용과 「유치찬란」

구상은 시화라고 부르는 에세이를 많이 남겼다. 「홀로와 더불어」에 대하여 동명의 시화가 있고, 「그리스도 폴의 강」에 대하여 같은 제목의 시화가 있다. 「초토의 시」에 대응해 「초토의 3경」이 있으며, 「노부부」와 「수의壽衣」

---

14 그리스도 폴은 장대한 자신의 신체적 장점을 살려 물살이 사나운 강을 사람들이 무사히 건널 수 있도록 도와주는 일을 하며 생계를 이어갔다고 전해진다.
15 "나의 사부師父, 그리스도 폴 성인聖人" - 「그리스도 폴의 江 - 59」

에 대응해「결혼생활의 비결」등이 있다. 평소 "오늘의 시화를 써 보려고 했었"다고 밝힌 대로 구상은 아주 의식적으로 시에 관한 에세이를 쓰겠다는 생각을 가졌으며 이를 실천에 옮겼다.

구상의 이런 생각은 시화의 효용론적 가치를 매우 명확하게 인식하고 있었음을 말해 준다.

> 우리의 옛글에는 시 이야기, 즉 시화詩話가 많다. 이것은 자신의 시나 당대 시인들의 작품 또는 옛 시에 전해지는 유래나 일사逸事 등을 기록해 놓은 것으로 우리는 저러한 시 이야기들을 통해서 옛 시인과 옛 지식인의 생활감정뿐 아니라 그들이 처해 있던 사회 상황이나 지니고 있던 문제의식 등을 엿볼 수가 있다.[16]

시화란 '시로 적은 이야기'이다. 시적 형식에 '유래'나 '일사'를 포함함으로써 시인들의 내면과 생활상의 감정들, 시대 상황과 문제의식을 표현하는 매체라는 생각이다. 구상은 선대로부터 물려받은 형식과 내용을 통해 자신의 전언을 후대에 물려주려는 의식을 가졌으며, 그것을 통해 일정한 문학사회학적 효용을 얻고자 했음을 짐작할 수 있다.

1989년 발표된「유치찬란」은 아예 시화집으로 명명되었다. 일상의 소소한 편린과 기억 속에 내장된 현대사의 굴곡들, 내면에 드리운 신산한 삶의 그늘, 돌이켜 부끄러운 고백에 이르기까지 실로 다양한 이야기가 시화되어 있다. 고희에 이른 노경의 시인이 자신의 삶을 가감 없이 시화하려 할 때, 그 마음은 역시 효용론적 가치를 염두에 둔 일종의 요청이거나 주문일 터이다.

> 새해 새 아침이 따로 있다더냐?

---

[16] 구상,「우주인과 하모니카」,『시와 삶의 노트』(구상문학총서 제6권 에세이), 홍성사, 2007(초판 1쇄), 11쪽.

신비의 샘인 나날을
네 스스로가 더럽혀서
연탄빛 폐수를 만들 뿐이지

어디 헌 날, 낡은 시간이 있다더냐?

네가 새로워지지 않으면
새 아침을 새 아침으로 맞을 수가 없고
결코 새 날을 새 날로 맞을 수가 없고

너의 마음 안의 천진天眞을 꽃 피워야
비로소 새해를 새해로 살 수 있다
—「새해」 전문

　'새로움'의 의미를 역전시키는 인식론적 전환이 이 시를 날카로운 현실주의 작품으로 만들어주고 있다. 새로움은 인식 주체의 외부에 있는 게 아니라 그 내면에 있는 것이며, 새로움을 염원한다면 자신의 내부를 성찰하라는 주문이다. 복잡한 수식과 표현주의적 욕망을 절제한 일견 무기교적 진술로 보이는 시행들은 효용론적 관점에서 자연스런 귀결이라고 할 수 있다. '다른' 새해, '참다운' 새해를 인식하는 데 현란한 언어적 유희는 췌사가 될 뿐이다. 주지하다시피 김윤식은 구상의 이런 시적 태도를 신현실주의[17]로 칭한 바 있다.
　「새해」를 필두로 '유치찬란'의 에피소드들이 연이어지는 가운데 '유치'의

---

[17] "그것(신현실주의)은 한편으로 일상적 현실을 극복하며 다른 한편 말초신경적 내부 이미지의 혼란에 빠진 일체의 기교를 배격 극복하여 보다 높은 단계로 나아가게 하는 시적 태도일 것이다." 김윤식,「신현실주의 시론」,『근대시와 인식』, 시와시학사, 1992, 193쪽.

의미와 '찬란'의 양상을 드러내는 작품들이 보인다.

> 그런 미숙未熟의 유치란
> 본능적 충동에 사로잡히거나
> 독선과 편협을 일삼게 되느니,
>
> 우리가 도달해야 할
> 어린이 마음이란
>
> 진리를 깨우침으로써
> 자기가 자신에게 이김으로써
> 이른바 '거듭남'에서 오는
> 순진이요, 단순이요,
> 소박인 것이다.
> ―「거듭남」부분

참다운 '유치'란 원의 그대로 '어린이 마음'幼稚으로 거듭나는 것이다. 제대로 유치하지 않고, '미숙하게' 유치하기 때문에 독선과 편협을 일삼게 되는 것이다. 여기서도 구상은 통념화된 '유치'의 의미를 역전시키고 있다. 우리는 모두 "진리를 깨우침으로써 / 자기가 자신에게 이김으로써" 거듭나야 한다. 제대로 유치해져야 한다.

> 나에게는 친·외손녀가
> 하나씩 있다.
>
> …(중략)…

우리는 한 달에 한 번씩
날짜를 정해 놓고 만난다

그 날이면 그 애들은 안팎이
놀라게 자라가지고 와서는
나에게 재롱을 보여주는 게 아니라
나를 저희 멋대로 놀아나게 해서
흰머리 흰 수염의 이 할애비를
한나절, 쩔쩔 쩔쩔 매게 한다

그 만화 같은 장면이야
여러분 상상에 맡기거니와
어쨌건 나에게는 이 날이
죄 없고 가장 천진한 시간이다.
—「손녀 면접일」부분

이것이 찬란이다. '제대로 유치한' 손녀들을 따라 "한나절, 쩔쩔 쩔쩔" 매다 보면 누구나 찬란해진다. 찬란은 멀리 있지 않고, 바로 여기에 있다. 찬란을 엉뚱한 데서 찾는 수많은 '어설피 유치한' 이들을 이끌어가는 솔직한 고백이 「손녀 면접일」을 '찬란'의 증거로 만들어주고 있다.

「유치찬란」에는 제대로 유치해서 진정 찬란한 순간들이 가득하다.

아파트 위층 여섯 살짜리 계집애가
초콜릿 한 개를 들고 와서
"이거 할아버지 잡수세요"란다.
됐다가 나중에 먹겠대도
"어서 잡수세요"란다.

나는 당뇨병을 앓고 있지만
어찌하랴! 한 입 베어 먹고서
- 아아 맛있다, 고 할 수밖에
　　　　―「생활 주변」 부분

이웃집 소녀가
아직 초등학교도 안 들어갔을 무렵
하루는 나를 보며
- 할아버지는 유명하다면서?
그러길래
- 유명이 무엇인데?
하였더니
- 몰라!
란다. 그래 나는
- 그거 안 좋은 거야!
하고 말해 주었다.

올해 그 애는 여중 2학년이 되어서
교과서에 실린 내 시를 배우게 되었는데
자기가 그 작자를 잘 안다고 그랬단다.
- 그래서 뭐라고 그랬니?
하고 물었더니
- 그저 보통 할아버진데, 어찌 보면
  그 모습이 혼자 노는 소년 같아!
　　　　―「혼자 논다」 부분

시화라는 어의에 부합하는 일상의 한순간이 근접 촬영한 사진처럼 인상적으로 재현되어 있다. 한결같이 제대로 유치해서 찬란한 표정들이다. 만일 이와 같은 장면을 화려한 수식이나 복잡한 메타포로 표현하려 했다면, 작품은 아마 크게 실패하고 말았을 터이다. 그런 점에서 「유치찬란」은 내용과 형식이 절묘하게 호응하고 있는 작품이라고 할 수 있다.

> 나는 간밤에 몽설夢泄을 했다.
> 상대는 배꽃같이 해사한 젊은 여인인데 각시적 아내가 아니매 말하자면 간음을 한 셈이다. 깨고 나니 열적기 짝이 없다.
> ―「꿈」부분

> 아시아드 육상 3관왕
> 임춘애 소녀의
> TV에 비친 얼굴을 보니
> 그 표정이 매우 낯익다.
>
> 기억을 더듬고 더듬은 끝에
> 20대 초반 일본 도쿄 유학시절
> 하숙방 벽에 붙여 놓았던
> 모딜리아니의 여인상을 떠올렸다
>
> 나는 그때 그 애련한 모습이
> 어찌나 좋고 그립던지
> 저런 여인네에게 장가들겠다고
> 친구들에게까지 떠벌렸다
> ―「어느 회상」부분

내밀한 자기 고백과 치부를 드러내는 '제대로 유치한' 작품들이다. 이처럼 맑은 시심이 있어 독자들에게 '자신의 삶을 성찰하는 윤리적 반성'을 촉구할 수 있는 것이다. 그것은 "그러므로 누구든지 이 어린이처럼 자신을 낮추는 이가 하늘나라에서 가장 큰 사람이다. 또 누구든지 이런 어린이 하나를 내 이름으로 받아들이면 나를 받아들이는 것이다."[18]라고 말한 예수의 가르침과 닿아 있다.

이처럼 「유치찬란」은 어떤 시적 기율에도 구애됨이 없는 자유로운 언어 경영과 가감 없는 삶의 고백으로 이룩되어 있다. 마치 세상에는 "시 아닌 것이 정녕, 하나도 없다"고 말하려는 듯 분방하기까지 하다. 말 그대로 '제대로 유치한' 끝에 '참다운 찬란'에 이르는 도정이다. 이처럼 구상이 자신의 치부까지 포함해 '유치찬란'을 표현한 것은, 모든 것을 드러내 반성하고 성찰하는 윤리적 지평을 드러내고자 하는 것이었다. 그것이 인간 삶의 위기를 극복하는 유일한 수단임을 전하려는 의지라고도 할 수 있다.

5. 나오며

이상과 같이 본고는 구상의 연작시 「까마귀」, 「그리스도 폴의 江」, 「유치찬란」에 대한 작품론적 분석을 통해 그가 느낀 위기의식과 그것의 극복으로서의 연속성의 시적 사유, 그리고 그것을 후대에 전하려는 문학사회학적 의욕을 파악해 보았다.

「까마귀」 연작에서 가장 많은 비중을 차지하는 주제는 정치권력의 폭주와 황금만능주의에 대한 경고였다. 작품은 첫째 성찰과 반성이 사라진 인간 세계에 대한 비판, 둘째 정치권력의 폭주와 황금만능주의에 대한 경고, 셋째 수도자적 정신과 경건한 삶의 회복을 위한 각성의 요구 등을 포함하고 있다. 「까마귀」 연작은 구상의 시 세계에서 매우 돋보이는 현실 참여의 사례이자 위기의식의 소산이다.

---

[18] 마태 18,4~5

이와 같은 위기의식을 연속성의 시적 사유를 통한 비대립적 세계를 시화함으로써 돌파하고자 시도가 「그리스도 폴의 江」이다. 구상은 과거와 현재와 미래를 분절하지 않고, 연속된 흐름으로 사유함으로써 부정을 넘어 긍정의 세계에 도달하고자 하였다. 구상은 강을 통해 영원을 사유하고, 강물을 통해 비대립적 일의성을 실체화했다.

구상은 시화라고 명명한 연작시 「유치찬란」을 통해 다난한 현대사를 체험한 자신의 굴곡을 후대에 전하려는 문학사회학적 효용을 기대했다. 작품은 어떤 시적 기율에도 구애됨이 없는 자유로운 언어 경영과 가감 없는 삶의 고백으로 표현되어 있다. 때로는 자신의 치부까지 가감 없이 드러냄으로써 반성과 성찰을 주문하면서 그것이 인간 삶의 위기를 극복하는 유일한 수단임을 전하고자 했다.

구상의 연작시 「까마귀」, 「그리스도 폴의 江」, 「유치찬란」은 각각 그의 위기의식과 그것을 극복하고자 하는 연속성의 시적 사유, 그리고 그러한 인식을 후대에 전하려는 문학사회학적 효용을 대변하고 있다.

참고문헌

1. 기본자료

구상, 『한국대표시인선집 - 구상』, 문학사상사, 2002
―, 『구상문학총서 제3권 연작시』, 홍성사, 2004.
―, 『구상문학총서 제6권 에세이』, 홍성사, 2007.
―, 『오늘 속의 영원, 영원 속의 오늘』(구상문학총서 제2권), 홍성사, 2007.

2. 논문

강호정, 「해방기『응향』사건 연구 - 자기비판과 검열의 문제를 중심으로」, 『배달말』,
　　　　배달말학회, 2012.
고형진, 「폐허 위에 가꾼 언어의 정원」, 『전후 휴머니즘의 발견, 자존과 구원』, 2019 탄생
　　　　100주년 문학인기념문학제 심포지엄 발제문, 대산문화재단·한국작가회의, 2019.
곽효환, 「구상의 초기 시 연구 - 「수난의 장」에서 「초토의 시」까지」, 『한국시학연구』(제59호),
　　　　한국시학회, 2019.
―, 「구상의 「초토의 시」 연구」, 『동아시아문화연구』(제79집),
　　　　한양대 동아시아문화연구소, 2019.
구중서, 「존재와 의미의 문학」, 『한국가톨릭문학』(창간호, 봄호), 문학수첩, 2013.
권영욱, 『구상 시의 타자윤리 연구』, 아주대 박사학위논문, 2016.
김윤식, 「신현실주의 시론」, 『근대시와 인식』, 시와시학사, 1992.
―, 「구상론」, 『현대시학』(8월호), 현대시학사, 1978.
김재홍, 「구상 시에 나타난 가톨리시즘적 일원론」, 『한국문예비평연구』(제82집),
　　　　한국현대문예비평학회, 2024.
박민규, 「응향 사건의 배경과 여파」, 『한민족문화연구』(44집), 한민족문화학회, 2013.
배봉한, 「삶을 노래한 구도 시인」, 한국천주교 평신도사도직단체협의회 엮음,
　　　　『불꽃이 향기가 되어』(제2권), 도서출판 으뜸사랑, 2017.
서범석, 「구상 시의 의미 구조 - 「초토의 시」와 『밭 일기』를 중심으로」,
　　　　『건국어문학』(제21·22집), 1997.
안수환, 「구상문학과 신의 존재」, 『한국문학』(10월호), 1984.
안지은, 『구상 시의 구조 연구』, 창원대 석사학위논문, 창원대, 2003.
엄미라, 『가톨릭시즘의 時 연구 : 정지용·구상·김남조·최민순·이해인 중심으로』,
　　　　건국대 석사학위논문, 1999
오정국, 「구상 시의 가톨리시즘 담론」, 『야생의 시학』, 시인동네, 2019.
유성호, 「현대시와 종교적 상상력」, 『한국가톨릭문학』, 문학수첩, 2013.
이운룡, 「한국 기독교시 연구 - 김현승·박두진·구상을 중심으로」,
　　　　조선대학교 대학원 박사학위논문, 1988.
이찬희, 『구상 시에 나타난 악에 대한 인식과 숭고 정신 연구』, 숭실대 석사학위논문, 2021.
정금철, 「전쟁 체험과 불안의 시적 형상화 - 구상의 초기시를 중심으로」,

『어문연구』(제34권 제1호), 한국어문교육연구회, 2006.
정효구, 「具常의 『그리스도폴의 江』과 불교적 상상력」, 『한국문학논총』 제74집, 2016.
조창환, 「가톨릭문학과 생명사상」, 『한국가톨릭문학』, 문학수첩, 2013.
최도식, 「具常 詩의 탈구조주의적 연구 : 기표, 주체, 담론을 중심으로』,
    서강대 박사학위논문, 2003.
최라영, 「구상 초기 시 연구 - 「수난의 장」, 「여명도」, 「초토의 시」 연작을 중심으로」,
    『우리말글』(제26권), 우리말글학회, 2002.
G. W. 라이프니츠, 「모나드론」, 이정우, 『주름, 갈래, 울림 - 라이프니츠와 철학』,
    기획출판 거름, 2001(제1판 제1쇄).

3. 단행본

금은돌, 『금은돌의 예술산책』, 청색종이, 2020.
김석준, 『공감, 실재에 이르는 길』, 나무와숲, 2021.
김윤식, 『근대시와 인식』, 시와시학사, 1992.
김준오, 『시론』, 삼지원, 2019.
김지하, 『남조선 뱃노래』, 자음과 모음, 2012.
이숭원, 『구도 시인 구상 평전』, 분도출판사, 2019.
조창환, 『한국 현대시의 분석과 전망』, 한국문화사, 2010.
한국천주교 평신도사도직단체협의회 엮음, 『불꽃이 향기가 되어』, 도서출판 으뜸사랑, 2017.
홍신선, 『상상력과 현실』, 인문당, 1990.
로버트 배런, 『가톨리시즘』(전경훈 옮김), 생활성서, 2019.
루트비히 비트겐슈타인, 『논리-철학 논고』(이영철 옮김), 책세상, 2017.
르네 데카르트, 『방법서설/성찰/철학의 원리』(소두영 옮김), 동서문화사, 2018.
앙리 베르그송, 『사유와 운동』(이광래 옮김), 문예출판사, 2001.
엠마누엘 레비나스, 『시간과 타자』(강영안 옮김), (주)문예출판사, 2018.
질 들뢰즈, 『주름, 라이프니츠와 바로크』(이찬웅 옮김), 문학과지성사, 2004.
질 들뢰즈, 『니체와 철학』(이경신 옮김), 민음사, 2016.
질 들뢰즈·펠릭스 가타리, 『천 개의 고원』(김재인 옮김), 새물결 출판사, 2003.
테야르 드 샤르댕, 『인간 현상』(양명수) 옮김), 한길사, 2004.
프리드리히 니체, 『비극의 탄생 / 즐거운 지식』(곽복록 옮김), 동서문화사, 2016.
H. 포터 애벗, 『서사학 강의』(우찬제 옮김), 문학과지성사, 2010.
I. A. 리처즈, 『수사학의 철학』(박우수 옮김), 고려대학교 출판부, 2001.
YOUCAT재단, 『DOCAT - 무엇을 할 것인가』(김선태 옮김), 가톨릭출판사, 2016.
Gregory Bateson, *Steps to an Ecology of Mind*, New York : Ballantine Books, 1972.
Peggy Rosenthal, *THE POETS´ JESUS - Representations at the End of a Millennium*,
    Oxford University Press, 2000.

찾아보기

가톨릭교회 6, 38, 41, 44, 73, 77, 156, 202, 218, 233
가톨릭 세계관 28, 49, 50, 54, 146, 149, 151, 159, 160, 163, 181, 182
가톨리시즘 35, 37, 38, 41, 45, 48, 57, 62, 115, 116, 129, 132, 146, 147, 149, 151, 152, 153, 156, 159, 167, 171, 177, 181, 182, 184, 186, 219, 224, 244
강생 38, 152, 153
고독 14, 15, 17, 20, 21, 22, 34, 90, 116, 134, 147, 151, 164, 165, 167, 168, 169, 170, 171, 182, 191
교부 37, 152
구원 의식 7
구조주의 28, 146, 149, 245
권력의지 78, 203
그리스도교 77, 80, 131, 134, 152, 202, 203, 205, 211
그리스도 폴 72, 73, 74, 86, 211, 233, 234
궁정 17, 65, 67, 70, 75, 128, 131, 135, 139, 142, 167, 185, 200, 212, 215, 216, 225, 226, 228, 230
내용 16, 38, 41, 44, 49, 52, 65, 66, 69, 97, 100, 104, 114, 118, 153, 155, 158, 159, 161, 166, 199, 226, 229, 235
농민시 90, 91, 191, 192
니체 69, 76, 77, 78, 84, 185, 200, 201, 202, 203, 209, 211, 230
대궁정 17, 35, 48, 50, 54, 65, 67, 70, 115, 131, 133, 134, 138, 143, 147, 151, 159, 160, 163, 168, 177, 181, 182, 184, 211, 226, 227, 230
대립 226, 227, 228, 230, 232, 242
대조법 112
대칭 130, 131, 133, 134, 137, 138
더불어 20, 21, 22, 72, 169, 170

데카르트 14
도그마 133
동시성 92, 193
동일성 125, 127, 130
동화 123, 125, 126
둔스 스코투스 65, 131
들뢰즈 65, 66, 131, 226
디아스포라 128, 129, 185
라이프니츠 20, 22, 65, 130, 131, 169, 170, 171
런던탑 60, 222
리얼리즘 89, 190
리처즈 16, 114, 166
메타포 36, 89, 104, 112, 113, 114, 118, 122, 178, 190, 240
모나드 20, 22, 130, 131, 169, 170
무기교 27, 72, 89, 101, 190, 232, 236
무한 14, 17, 19, 20, 25, 64, 65, 66, 70, 74, 75, 76, 88, 130, 131, 134, 142, 143, 151, 164, 168, 169, 187, 189, 200, 201, 212, 225, 226, 230, 234
문학사회학 215, 217, 235, 241, 242
메타포 36, 89, 104, 112, 113, 114, 118, 122, 178, 190, 240
반복법 112, 117
반성 16, 57, 58, 81, 82, 85, 86, 87, 89, 100, 105, 121, 137, 138, 139, 166, 188, 190, 205, 207, 210, 211, 215, 219, 220, 241, 242
반전 243
반플라톤주의 24, 34
베네딕도 25, 42, 56, 62, 130, 148, 157, 188, 218, 224
베르그송 14, 19, 65, 131, 168
변증법 33, 65, 175, 255
보편성 127

부활 38, 44, 54, 77, 80, 94, 115, 132, 133, 147, 151, 153, 158, 163, 181, 182, 196, 202, 205
불명(不明) 56, 58, 59, 106, 218, 220, 221
비대립 48, 53, 67, 128, 134, 135, 137, 140, 141, 142, 143, 163, 184, 185, 211, 214, 216, 227, 242
비대칭 130, 134, 137,
비미학 17, 22, 167
비트겐슈타인 134
사건 14, 25, 37, 71, 72, 81, 85, 91, 114, 125, 131, 134, 152, 164, 181, 205, 210, 232
생성 65, 70, 128, 134, 135, 139, 142, 143, 185, 211, 235, 226, 230
샤르댕 21, 170
샤를 페기 78, 79, 80, 203, 204, 205
선경후정 112
서정적 결핍 125
성녀 45, 180
성인 45, 62, 72, 73, 74, 180, 224, 233, 234
성찰 57, 58, 59, 74, 81, 85, 87, 89, 100, 101, 105, 133, 138, 150, 188, 190, 205, 210, 211, 215, 219, 220, 221, 234, 236, 241, 242
세계관 49, 50, 54, 115, 137, 140, 146, 149, 151, 159, 160, 163, 181, 182, 211
세례자 요한 25, 62, 72, 157, 188, 224
수비학 19, 20, 168, 169
수석 사제 41, 156
스비아고 산 56, 62, 218, 224
스콜라철학 77, 202
스토아주의 131, 143
스피노자 65, 131
시적 사유 17, 34, 48, 53, 54, 64, 67, 68, 128, 129, 132, 134, 138, 139, 141,
147, 149, 151, 159, 163, 168, 181, 182, 185, 186, 188, 214, 215, 216, 217, 225, 227, 241, 242
시화(詩話) 29, 80, 99, 100, 104, 119, 124, 129, 131, 143, 148, 171, 172, 182, 205, 212, 215, 216, 217, 234, 235, 239, 242
신 22, 23, 76, 77, 171, 185, 211
신헌실주의 89, 110, 149, 190, 236
아날로지 115, 127
아빠스 56, 218
역사의식 49, 91, 151, 159, 182, 192
연속성 69, 70, 185, 212, 214, 215, 216, 217, 230, 241, 242
연작시 30, 48, 54, 56, 64, 67, 68, 74, 78, 79, 80, 88, 89, 98, 122, 142, 143, 146, 150, 151, 163, 172, 184, 185, 186, 187, 189, 190, 191, 200, 203, 205, 212, 214, 215, 216, 217, 218, 225, 227, 234, 241, 242
영원성 64, 65, 67, 69, 74, 216, 225, 228, 230, 234
영원회귀 69, 70, 184, 185, 188, 211, 212, 230
욕망 이론 14
위기의식 55, 214, 215, 216, 217, 225, 241, 242
유다인의 왕 38
유한성 53, 162
육화 37, 38, 44, 132, 152, 153, 158, 163, 181
윤리학 70, 131, 133, 171, 230
율격 52, 112, 122, 125, 161
율법 학자 41, 156
음보율 52, 68, 125, 162, 229
음악성 125

247

이미지 19, 35, 36, 79, 80, 89, 90, 110, 112,
113, 114, 115, 117, 118, 120, 122,
127, 168, 177, 178, 190, 192, 204
이원론 53, 78, 125, 131, 133, 138, 163,
202
인식론 32, 78, 101, 137, 174, 202, 236
일원론 53, 54, 115, 131, 132, 134, 147,
151, 159, 160, 163, 182
일의성 22, 34, 64, 65, 67, 69, 74, 170,
177, 214, 216, 225, 226, 228, 229,
230, 234, 242
재현 38, 104, 125, 240
전달 수단 16, 119, 166
절대왕권 60, 222
정치권력 57, 59, 60, 215, 219, 221, 222,
241
존재 14, 17, 20, 34, 37, 41, 48, 49, 53, 80,
87, 90, 125, 130, 131, 134, 143, 156,
160, 163, 164, 167, 169, 182, 187,
188, 191, 204, 217, 223
존재자 14, 15, 17, 21, 34, 134, 164, 165,
167, 170, 182
존재론 17, 19, 20, 21, 22, 67, 95, 116,
123, 124, 129, 131, 134, 143, 146,
147, 149, 150, 164, 167, 168, 169,
170, 182, 196, 227
죽음 17, 38, 39, 40, 41, 44, 51, 52, 53, 57,
62, 66, 69, 70, 80, 84, 85, 87, 132,
135, 136, 153, 154, 156, 158, 160,
162, 163, 167, 181, 185, 188, 205,
209, 212, 219, 224, 227, 230
죽임 194, 195, 196, 198, 199, 200, 209,
212
지층 64, 66, 74, 225, 226, 234
진리 75, 76, 77, 80, 84, 86, 102, 185, 200,
201, 202, 204, 209, 211, 212, 237

초월성 149
코기토(cogito) 14
투사 97, 123, 125, 199
통주저음 88, 189
페기 로젠탈 78, 203
페르소나 78, 203
평화 37, 41, 140, 142, 143, 152, 155
포터 애벗 125
표현주의 33, 35, 36, 89, 101, 176, 177,
178, 190, 236
표현태 66, 226
피보나치 수열 19
하이데거 14, 21
행동 41, 75, 113, 125, 156, 201
형이상학 49, 57, 129, 132, 133, 143, 146,
147, 150, 159, 216, 219
홀로 15, 20, 21, 22, 23, 29, 34, 123, 165,
169, 170, 171, 216, 234
홀로서기(hypostase) 14, 134, 164, 167,
182
홉킨스 81, 205
화이트헤드 65
황금만능주의 57, 59, 215, 219, 221, 241
황금비율 19, 168
휴머니즘 48, 49, 54, 150, 159, 160, 163
휴머니티 34, 35, 36, 44, 45, 115, 116,
129, 134, 146, 147, 151, 176, 177,
178, 181, 182